Heinz Henseler

Religion – Illusion?

Heinz Henseler, geboren 1933, Mediziner, Psychoanalytiker, ist Direktor der Abteilung für Psychoanalyse, Psychotherapie und Psychosomatik der Universität Tübingen. Veröffentlichungen u. a. zur Psychodynamik des Suizids und zur Theorie des Narzißmus.

Kurt Scheel, geboren 1948, Mitherausgeber des *Merkur,* gibt im Steidl Verlag die Reihe »Essay« heraus.

Heinz Henseler

Religion – Illusion?

Eine psychoanalytische Deutung

Steidl

Herausgegeben von Kurt Scheel

1. Auflage März 1995

Umschlaggestaltung: Klaus Detjen
Satz, Scanlithos, Druck, Bindung:
Steidl, Düstere Straße 4, 37073 Göttingen
Printed in Germany
ISBN 3-88243-347-7

Inhaltsverzeichnis

Vorwort 7

I Freuds Religionskritik

Religion, eine universelle Zwangsneurose? 13

Religion, Erbe archaischer Denksysteme? 23

Vaterreligion, Gedenken und Sühne einer Urschuld? 37

Jüdisch-christliche Religion und Antisemitismus 49

Religion, eine Illusion? 59

II Die theologische Gegenkritik

Freuds Religionskritik, eine verkappte Theologie? 71

Freuds Religionskritik,
Ausdruck eines neurotischen Problems? 82

Freuds Religionskritik,
ein Irrtum aufgrund theoretischer Defizite? 95

Freuds Religionskritik,
eine Unterschätzung des geistigen Potentials von Glaube? 109

III Eigene Überlegungen

Resümee 121

Religiosität und Beziehung 125

Die primärnarzißtische Beziehung 129

Wahrheit oder Sinn? 141

Anmerkungen 155
Literaturverzeichnis 162
Personenregister 166
Sachregister 167

Vorwort

Was ist aus Sigmund Freuds religionskritischen Schriften geworden? Die Aufregungen um sie haben sich gelegt, ihre Anregungen scheinen verpufft zu sein. Informierte Laien haben sie zur Kenntnis genommen. Psychoanalytiker diskutieren lieber klinische Fragen. Theologen geben sich gelassen. Warum eigentlich? Überzeugen Freuds Thesen nicht? Sind sie überholt? Gar widerlegt? Ist Religion kein Thema mehr? Oder scheut man sich, die heißen Eisen anzufassen, um gläubige Menschen, religiöse Institutionen oder auch sich selbst nicht unnötig aufzustören?

Provozierend genug sind Freuds Thesen ja. Mit einer Zwangsneurose vergleicht Freud religiöse Praktiken wie Riten, Bräuche, fromme Gesten, Gebets- und Segensformeln. Verweist er religiöse Übungen damit in den Bereich der Pathologie? – Archaische Denksysteme mit ihren Tabus, ihrem Geisterglauben und ihrer Überzeugung, über magische Kräfte zu verfügen, wittert er am Grunde jeder Religion. Weiß er nichts von der Rationalität und der differenzierten Intellektualität der Theologen? – Auf die Ermordung alternder Väter durch die heranwachsenden Söhne in historischen Urzeiten führt er die Vaterreligionen mit ihren Lehren von Schuld und Sühne zurück. Macht er sich nicht lächerlich mit derartigen Ausweitungen uralter individual- beziehungsweise gruppenpsychologischer Konfliktsituationen auf historische und soziale Phänomene? – Illusionen sollen religiöse Erfahrungen sein, also Einbildungen, Hirngespinste? Ist das nicht eine Beleidigung der Millionen von Menschen, die Gotteserfahrungen oder mystische Erlebnisse bezeugen und ihr Leben auf sie bauen?

So protestierten natürlich vor allem die Theologen. Faszinierend, nicht selten allerdings auch enttäuschend und verblüffend lesen sich deren Entgegnungen. Enttäuschend ist die zwar verständliche, wissenschaftlich aber bedauerliche affektive Voreingenommenheit der meisten theologischen Kritiker, vor allem dann, wenn sie durch Ignoranz und Dürftigkeit der Argumente noch gesteigert wird. Verblüffung erregen Theologen, die Freuds Argumente zutreffend darstellen, jedoch keinerlei Konsequenzen daraus ziehen. Faszinierend sind aber die (wenigen) Autoren, die mit großer Ernsthaftigkeit Freuds Argumente aufnehmen, nachvollziehen, zu widerlegen versuchen und da, wo diese nicht so leicht zu widerlegen sind, sie anders interpretieren. Eigentlich – so heißt es dann etwa – sei Freuds Religionskritik ein Glaubensbekenntnis, eine verkappte Theologie. Die von ihm behauptete Areligiosität sei nicht echt; sie sei Ausdruck eines persönlichen, nämlich neurotischen Problems. Seine Kritik basiere auf theoretischen Defiziten und unterschätze das geistige Potential von Glaube.

Tatsächlich sind viele Thesen Freuds heute nicht mehr zu halten. Manche waren von Anfang an nicht überzeugend, andere basieren auf veralteten Annahmen, wieder andere sind von der Gegenkritik widerlegt worden. Einige beruhen auch auf offenbar neurotischen Ausblendungen Freuds. Es bleibt aber ein ernstzunehmender Rest. Sichtet man diesen Rest von zutreffenden Beobachtungen, Deutungen und Argumenten Freuds, erkennt man als Psychoanalytiker leicht, daß die mit ihnen verbundenen Phänomene und Einstellungen etwas zu tun haben mit dem, was Freud und die von ihm ausgehenden modernen Psychoanalytiker mit Narzißmus bezeichnen. Nimmt man dies ernst und zieht man daraus die sich anbietenden Schlüsse, kommt man zu einer Deutung der Religiosität als einer Möglichkeit individueller und kollektiver Sinngebung. Sinn aber ist Wahrheit für mich, nicht Wahrheit an sich. Wie steht es um die Wahrheit der religiösen Erfahrung?

Es geht in diesem Essay um Religionspsychologie, genauer, um eine Psychologie der Religiosität. Nichts anderes stellen Freuds religionskritische Schriften dar. Der entscheidende Vorwurf, den religiöse Wissenschaftler Freud machen, die methodologische Kritik an ihm wie an allen Versuchen einer psychologischen Deutung religiöser Erfahrungen, lautet: Psychologen übersehen die Ursprünglichkeit religiösen Erlebens, die besondere Qualität mystischer Erfahrungen, die Psychologie sui generis des religiösen Menschen. Sie reduzieren sie statt dessen auf banale psychische Vorgänge.

Dieser Reduktionsverdacht ist ernstzunehmen. Die Reduktion hat eine lange Tradition in der »aufgeklärten« Wissenschaft. Freud selbst begann als aufgeklärter Materialist in der Tradition von Helmholtz, Du Bois-Reymond, Meynert, Brücke und anderen. Der *Entwurf einer Psychologie* (1895) spiegelt Freuds Bemühen wider, die psychischen Vorgänge auf physikalisch-chemische Prozesse als einzig wissenschaftliche Erklärungsmodelle zu reduzieren. Dies korrigierte Freud jedoch spätestens in der *Traumdeutung* (1900) mit der Erkenntnis, daß es im psychischen Bereich wesentlich um die Zuschreibung von Bedeutungen geht. Bedeutungen aber lassen sich schwerlich auf physikalisch-chemische Prozesse reduzieren, was nicht heißt, daß ihnen nicht physikalisch-chemische Prozesse korreliert sind.

Der Vorwurf gläubiger Wissenschaftler lautet aber weiterhin ganz analog, religiöse Erfahrungen seien von einer Qualität, die sich nicht auf Bedeutungszuschreibungen im Sinne von subjektiven oder kollektiven Sinngebungen reduzieren lasse. Diese Erfahrungen beruhten vielmehr auf Wahrnehmungen einer äußeren, allerdings transzendenten Realität, was nicht heiße, daß sie nicht mit Sinndeutungen verbunden sind.

So jedenfalls lautet die vorsichtigere Version. Es gibt auch Stimmen, die religiöses Erleben für so einzigartig und spezifisch halten, daß es sich einem psychologischen Verstehen ganz entzieht. Bernhard Grom (1992) spricht von einem antipsychologischen Theologismus, der behauptet, wissenschaftlich-rationale Reflexion zerstöre religiöses Erleben und die Anwendung psychologischer Kategorien auf religiöse Phänomene verfälsche und mißverstehe diese.

Tatsächlich erforscht Religionspsychologie religiöse Phänomene unter Aspekten und nach Bedingungszusammenhängen, in denen Psychologie allgemein menschliches Erkennen, Erleben und Verhalten untersucht. Transzendenz gehört ebensowenig zum theoretischen Inventar der Psychologie wie etwa die Wahrheitsfrage. Wenn Religionspsychologie entsprechend ihrer Kompetenz nach bio-psycho-sozialen Bedingungen und Motiven religiösen Erlebens fragt, schließt sie die Wahrheitsfrage wie auch die Möglichkeit göttlichen Einwirkens nicht etwa aus. Ein Reduktionismus, der dies täte, machte sich einer Grenzüberschreitung schuldig. Theorie und Methode der Psychologie lassen solche Folgerungen gar nicht zu.

Freud, persönlich ein militanter Agnostiker, hat diese Grenze nicht immer eingehalten. Nichtsdestoweniger hat er wiederholt betont, daß er für psychologische Erklärungen keine Ausschließlichkeit beanspruche und zur Wahrheitsfrage keine Aussage mache und machen könne. So formulierte er 1913: »Von der Psychoanalyse, welche zuerst die regelmäßige Überdeterminierung psychischer Akte und Bildungen aufgedeckt hat, braucht man nicht zu besorgen, daß sie versucht sein werde, etwas so Kompliziertes wie die Religion aus einem einzigen Ursprung abzuleiten«[1], und 1927 versicherte er, es liege nicht im Plane seiner Untersuchung, »zum Wahrheitswert der religiösen Lehren Stellung zu nehmen«.[2]

Aufgabe der Religionspsychologie ist es unter anderem, den Gläubigen vor der Gefahr zu schützen, »beispielsweise eine neurotische Fixierung auf Zuwendungsbedürfnisse als Gottesliebe, eine zwangsneurotische Entwicklung als Tugendeifer und eine beginnende Schizophrenie als Bekehrung zu deuten« (Grom).[3] Ihre Aufgabe ist es aber auch, auf psychologische Deutungsmöglichkeiten aufmerksam zu machen, religiöse Phänomene, die als übernatürlich angesehen werden, auf natürliche Weise zu erklären.

Angenommen, zentrale religiöse Erlebnisse ließen sich psychologisch auf natürliche Weise erklären; der Anruf Gottes oder die Begegnung mit einem übernatürlichen Wesen ließen sich ebenso schlüssig als ein in die Außenwelt projiziertes intrapsychisches Ereignis interpretieren – was hieße das?

Für den Wissenschaftler wäre die Sache klar: Eine hinreichende Begründung erlaubt keine weitere. Das fordert das traditionelle wissenschaftliche Prinzip der *parsimonia,* der Sparsamkeit mit den ursächlichen Faktoren. Fegt der Sturm einen Dachziegel vom Turm und erschlägt dieser einen Menschen, war die Ursache eben der Sturm. Es erübrigt sich die Suche nach weiteren Ursachen.

Für den Gläubigen ist die Sache nicht so klar. Er ist vielleicht überzeugt, daß kein Dachziegel einen Menschen erschlägt, dessen Tod nicht von Gott vorherbestimmt war. Denkbar ist das! William Meissner erwähnt mehrfach den alten theologischen Satz »gratia perficit naturam«, die Gnade oder – freier übersetzt – das Einwirken Gottes setzt die Natur voraus beziehungsweise vollendet die Natur. Und Heinz Müller-Pozzi betont, daß sich »die Wirklichkeit Gottes nicht anders als in der Wirklichkeit der Welt ereignet«.[4] Das jedoch sind erkenntnistheoretische Setzungen, Hilfskonstruktionen des Gläubigen, denkbar, aber nicht zwingend. Der Religionspsychologe kann nur fragen, ob hier nicht wieder einmal der Wunsch der Vater des Gedankens ist.

* * *

Für ungezählte Anregungen und kritische Diskussionen danke ich den Hörern meiner Vorlesungen, von denen dieses Buch ausgeht, meinen Mitarbeitern Claudia Frank, Reinhard Herold, Helmut Hinz, Hartmuth König, Martin Teising und Peter Wegner und vor allem meiner Lebensgefährtin Ute Rupprecht-Schampera. Mein besonderer Dank gilt Frau Bettina Andrade, die mit unermüdlicher Geduld die Texte geschrieben und immer wieder Änderungen eingearbeitet hat.

Ich gliedere meine Abhandlung in drei Teile. Teil I stellt in chronologischer Reihenfolge Freuds Thesen vor. Kapitelweise referiere ich seine Gedankengänge. Ich zitiere entscheidende Passagen und halte mich auch da, wo ich der besseren Lesbarkeit halber nicht pedantisch zitiere, eng an seine Texte. Jedes Kapitel schließt mit einem kritischen Kommentar meinerseits. Ich versuche in ihm jeweils darzulegen, was an Freuds Überlegungen aus meiner Sicht heute noch Bestand hat.

Teil II gilt der theologischen Gegenkritik. Ich stelle dar, was Theologen auf Freud geantwortet haben. Dabei beschränke ich mich auf solche Autoren, die sich in den letzten 30 Jahren ausdrücklich und seriös mit Freuds Kritik auseinandergesetzt haben. Ich habe diesen Zeitraum gewählt, weil erst in ihm eine intensive theologische Diskussion erfolgte und die von mir herangezogenen Autoren frühere Entgegnungen integriert haben. Ich übergehe Publikationen, die Freuds Kritik zwar referieren, aber nicht weiter diskutieren, die Freud nur beiläufig erwähnen oder – was nicht selten ist – seine Erwägungen mit verblüffendem Unverständnis abtun. Die verschiedenen Thesen, die ich gefunden habe, stelle ich wieder kapitelweise vor. Ich bemühe mich, die Argumentationen sorgfältig nachzuzeichnen, gehe, was die Zitate angeht, in derselben Weise wie bei Freud vor und schließe auch in diesem Teil jedes Kapitel mit einem kritischen Kommentar ab.

Teil III enthält meine eigenen Überlegungen. Ich gehe vom primären Narzißmus als einer archaischen Beziehungsform aus und zeige, was dieses Konzept für die psychologische Deutung religiöser Phänomene leistet.

I Freuds Religionskritik

Religion, eine universelle Zwangsneurose?

Es gehört zu Freuds Denkstil, und es hat sich ihm als heuristisches Prinzip vielfach bewährt, Analogieschlüsse von krankhaften Verzerrungen seelischer Phänomene auf normalpsychologische Verhältnisse zu ziehen. So schloß er von ödipalen Konflikten bei Hysterikern auf die allgemeine Bedeutung des Ödipuskonfliktes in der Entwicklungspsychologie des Menschen; von der Vielzahl von Perversionen auf die (»polymorph-perverse«) infantile Sexualität und die Komponenten des normalen Liebeslebens; vom Größenwahn des Schizophrenen und anderen narzißtischen Phänomenen auf den Stellenwert des gesunden Narzißmus für jeden Menschen. Das Prinzip des Analogieschlusses besteht darin, bei Ähnlichkeiten basale Gleichartigkeit zu vermuten.

1907 fielen Freud Ähnlichkeiten zwischen religiösen Übungen und Zwangshandlungen auf. In *Zwangshandlungen und Religionsübungen,* seiner ersten religionskritischen Schrift, machte er sich daran zu prüfen, ob diese Analogien etwas über das Wesen der religiösen Praktiken, gar der Religion überhaupt aussagen könnten. Worum handelt es sich bei diesen Analogien, und wie weit tragen sie?

Freud stellt zunächst die von ihm gemeinten Phänomene vor. »Die Leute, die Zwangshandlungen oder Zeremoniell ausüben, gehören nebst jenen, die an Zwangsdenken, Zwangsvorstellungen, Zwangsimpulsen und dergleichen leiden, zu einer besonderen klinischen Einheit, für deren Affektion der Name ›Zwangsneurose‹ gebräuchlich ist.... Das neurotische Zeremoniell besteht in kleinen Verrichtungen, Zutaten, Einschränkungen, Anordnungen, die bei gewissen Handlungen des täglichen Lebens in immer gleicher oder gesetzmäßig abgeänderter Weise vollzogen werden. Diese Tätigkeiten machen uns den Eindruck von bloßen ›Formalitäten‹; sie erscheinen uns völlig bedeutungslos. Nicht anders erscheinen sie dem Kranken selbst, und doch ist er unfähig, sie zu unterlassen, denn jede Abweichung von dem Zeremoniell straft sich durch unerträgliche Angst, die sofort die Nachholung des Unterlassenen erzwingt. Ebenso kleinlich wie die Zeremoniellhandlungen selbst sind die Anlässe und Tätigkeiten, welche durch das Zeremoniell verziert, erschwert und jedenfalls auch verzögert werden, zum Beispiel das Ankleiden und Auskleiden, das Zubettgehen, die Befriedigung der körperlichen Bedürfnisse. Man kann die Ausübung eines Zeremoniells beschreiben, indem man es gleichsam durch eine Reihe ungeschriebener Gesetze ersetzt, also zum Beispiel für das Bettzeremoniell: der Sessel muß in solcher, bestimmter Stellung vor dem Bette stehen, auf ihm die Kleider in gewisser Ordnung gefaltet liegen; die Bettdecke muß am Fußende eingesteckt sein, das Bettuch glatt gestrichen; die Polster müssen so und so verteilt liegen, der Körper selbst in einer genau bestimmten Lage sein; dann erst darf man einschlafen. In leichten Fällen sieht das Zeremoniell so der Übertreibung einer gewohnten und berechtigten Ordnung gleich. Aber die besondere Gewissenhaftigkeit der Ausführung und die Angst bei der Unterlassung kennzeichnen das Zeremoniell als ›heilige Handlung‹. Störungen derselben werden meist schlecht vertragen; die Öffentlichkeit, die Gegenwart anderer Personen während der Vollziehung ist fast immer ausgeschlossen.«[5]

Zu Zwangshandlungen im weiteren Sinne können alle beliebigen Tätigkeiten werden, »wenn sie durch kleine Zutaten verziert, durch Pausen und Wiederholungen rhythmiert werden. Eine scharfe Abgrenzung des ›Zeremoniells‹ von den ›Zwangshandlungen‹ wird man zu finden nicht erwarten.«[6] Meist sind die Zwangshandlungen aus einem Zeremoniell hervorgegangen. Neben diesen beiden bilden den Inhalt des Leidens Verbote und Behinderungen, die das Werk der Zwangshandlungen nur fortsetzen, indem dem Kranken einiges überhaupt nicht erlaubt ist, anderes nur unter Befolgung eines vorgeschriebenen Zeremoniells.

»Merkwürdig ist, daß Zwang wie Verbote (das eine tun müssen, das andere nicht tun dürfen) anfänglich nur die einsamen Tätigkeiten der Menschen betreffen und deren soziales Verhalten lange Zeit unbeeinträchtigt lassen; daher können solche Kranke ihr Leiden durch viele Jahre als ihre Privatsache behandeln und verbergen. Auch leiden viel mehr Personen an solchen Formen der Zwangsneurose, als den Ärzten bekannt wird. Das Verbergen wird ferner vielen Kranken durch den Umstand erleichtert, daß sie sehr wohl imstande sind, über einen Teil des Tages ihre sozialen Pflichten zu erfüllen, nachdem sie eine Anzahl von Stunden in melusinenhafter Abgeschiedenheit ihrem geheimnisvollen Tun gewidmet haben.«[7]

Stereotyp wiederkehrende religiöse Übungen (Gebete, Segensformeln, religiöse Bräuche, liturgische Riten, fromme Gesten und ähnliches) können nun den Eindruck hervorrufen, als handle es sich bei ihnen ebenfalls um zwanghaft durchgeführte oder durchzuführende Zeremonielle. Die Ähnlichkeit mit dem neurotischen Zeremoniell liegt in der Gewissenhaftigkeit der Ausführung im Kleinen, in den Gewissensbissen bei ihrer Unterlassung und in der Isolierung der Übungen vom Alltagsleben.

Ist der Vergleich solcher religiöser Übungen mit Zwangshandlungen aber nicht »sakrilegisch«? fragt Freud. Zwangshandlungen sind überaus mannigfaltig und hoch individuell, während religiöse Zeremonien und Riten sich nur auf bestimmte, von vielen Menschen eingehaltene Rituale beziehen. Sie haben nicht den Privatcharakter der Zwangshandlungen, werden im Gegenteil größtenteils öffentlich und gemeinschaftlich ausgeübt. Vor allem aber sind religiöse Zeremonien und Riten sinnvoll. Sie stellen in symbolischer Form etwas Bedeutsames dar, während die neurotischen Zeremonielle läppisch und sinnlos erscheinen. Sollten Zwangsneurosen etwa das »Zerrbild einer Privatreligion«[8] sein?

Dringt man tiefer in das Verständnis von Zwangsneurosen ein, wie die psychoanalytische Methode es ermöglicht hat, hebt sich der einschneidende Unterschied zwischen neurotischem und religiösem Zeremoniell, die vermeintliche Sinnlosigkeit von Zwangshandlungen, gründlich auf. Man erfährt vom Patienten, daß seine scheinbar läppischen Verhaltensweisen durchweg und in allen Einzelheiten einen Sinn haben. Sie stehen nämlich direkt oder symbolisch im Dienste unverarbeiteter Erlebnisse und/oder affektbesetzter Gedanken.

Freud illustriert an Beispielen, wie Zwangshandlungen Gesten der Beschwörung, der Wiedergutmachung, halbherziger Treue, zwiespältiger Erinnerung, der Unterdrückung von Zweifeln und ähnliches sein können, verständlich allerdings nur aus der individuellen Vorgeschichte des Erkrankten und erst nach Aufhebung seiner Abwehrmaßnahmen, die auch ihm zuvor die Motive seiner Symptome vom Bewußtsein ferngehalten hatten. Zwangshandlungen sind demnach sinnvolle Ausdrucksformen unbewußter Motive und Vorstellungen.

Mit dieser Deutung hat sich der wesentliche Unterschied zwischen religiöser Übung und Zwangshandlung, die scheinbare Sinnlosigkeit der Zwangshandlung gegenüber der Sinnhaftigkeit der religiösen Übung, allerdings nur auf einen anderen Unterschied verschoben: Zwangszeremonielle wären unbewußt, religiöse Zeremonielle bewußt motiviert.

Trifft dies aber zu? fragt Freud und wendet sich wieder den religiösen Riten zu. Es mag sein, daß Priester und Wissenschaftler um den meist symbolischen Sinn der Riten wissen, gilt das aber auch für den einzelnen Frommen? Freud bezweifelt dies. Ja, er vermutet, daß der einzelne Gläubige in der Regel das religiöse Zeremoniell ausübt, ohne nach dessen Sinn zu fragen, und macht auf die Möglichkeit aufmerksam, daß auch diejenigen, die den Sinn der Zeremonien zu verstehen behaupten, nur rationale Teilmotive kennen. Wenn dies aber so ist, und Freud setzt das von nun an als gegeben voraus, sind »die Motive, die zur Religionsübung drängen, ... allen Gläubigen unbekannt«.[9] Damit wäre der bedeutsamste Unterschied zwischen den zwei in Frage stehenden Phänomenen aufgehoben.

Welche unbewußten Motive aber könnten sich hinter den vorgeschobenen bewußten Motiven für die religiösen Riten verbergen? Die Analyse der von Freud aufgeführten Beispiele von Zwangshandlungen ließ Motive erkennen, die etwas mit zwiespältig empfundenen Erinnerungen, mit Zweifeln, Wiedergutmachung und Beschwörung zu tun haben. Als ihren gemeinsamen Nenner muß man ein Schuldgefühl vermuten. »Man kann sagen, der an Zwang und Verboten Leidende benimmt sich so, als stünde er unter der Herrschaft eines Schuldbewußtseins, von dem er allerdings nichts weiß.«[10] Das unbewußte Schuldgefühl muß seine Quelle in längst vergangenen Erlebnissen haben, wird aber durch bestimmte aktuelle Situationen immer neu geweckt, so daß eine stets lauernde Erwartungsangst besteht, die Unheil und Bestrafung befürchten läßt. Zu Beginn des Zwangszeremoniells ist dem Kranken noch unklar bewußt, daß er dies oder jenes tun müsse, um Unheil abzuwehren. Später geht ihm dieser Zusammenhang verloren. Zwangshandlungen beginnen jedenfalls als Abwehr- und Schutzmaßnahmen. Sollten sich hinter religiösen Zeremoniellen ähnliche Motive verbergen?

Es fällt auf, daß fromme Menschen oft versichern, sie wüßten, daß sie im Grunde arge Sünder seien. Sind also die religiösen Übungen, insbesondere jene, »mit denen sie jede Tätigkeit des Tages und zumal jede außergewöhnliche Unternehmung einleiten«,[11] solche Abwehr- und Schutzmaßnahmen gegen drohendes, gar selbstverschuldetes Unheil? Gegen welches Unheil, gegen welche Straferwartung richten sie sich? Für welche unbewußt gewordene, in bestimmten Situationen aber immer wieder dunkel gespürte Schuld erwartet der Fromme denn Strafe?

Für die Zwangsneurose scheint diese Frage gelöst. Das Grundproblem der Zwangsneurose »ist allemal die Verdrängung einer Triebregung ..., welche in der Konstitution der Person enthalten war, im kindlichen Leben derselben sich eine Weile äußern durfte und darauf der Unterdrückung verfiel. Eine spezielle, auf die Ziele dieses Triebes gerichtete Gewissenhaftigkeit wird bei der Verdrängung desselben geschaffen, aber diese psychische Reaktionsbildung fühlt sich nicht sicher, sondern von dem im Unbewußten lauernden Triebe beständig bedroht. Der Einfluß des verdrängten Triebes wird als Versuchung empfunden, beim Prozeß der Verdrängung selbst entsteht die Angst, die sich als Erwartungsangst der Zukunft bemächtigt. Der Verdrängungsprozeß, der zur Zwangsneurose führt, ist als ein unvollkommen gelungener zu bezeichnen, der immer mehr zu mißlingen droht. Er ist daher einem nicht abzuschließenden Konflikt zu vergleichen; es werden immer neue psychische Anstrengungen erfordert, um dem konstanten Andrängen des Triebes das Gleichgewicht zu halten. Die Zeremoniell- und Zwangshandlungen entstehen so teils zur Abwehr der Versuchung, teils zum Schutze gegen das erwartete Unheil.« »Gegen die Versuchung scheinen die Schutzhandlungen bald nicht auszureichen; es treten dann die Verbote auf, welche die Situation der Versuchung ferne legen sollen. Verbote ersetzen Zwangshandlungen, wie man sieht... Andererseits stellt das Zeremoniell die Summe der Bedingungen dar, unter denen anderes, noch nicht absolut Verbotenes erlaubt ist, ganz ähnlich wie das kirchliche Ehezeremoniell dem Frommen die Gestattung des sonst sündhaften Sexualgenusses bedeutet. Zum Charakter der Zwangsneurose wie aller ähnlichen Affektionen gehört noch, daß ihre Äußerungen (Symptome, darunter auch die Zwangshandlungen) die Bedingung eines Kompromisses zwischen den streitenden seelischen Mächten erfüllen. Sie bringen also auch immer etwas von der Lust wieder, die sie zu verhüten bestimmt sind, dienen dem verdrängten Triebe nicht minder als den ihn verdrängenden Instanzen.«[12]

Verzicht auf gewisse Triebregungen fordert aber auch die Religion. Schuldgefühle wegen der nie erlöschenden Versuchung durch unterdrückte Triebe und die Erwartungsangst als Angst vor göttlichen Strafen sind ja auf religiösem Gebiet sehr lange bekannt. Die Unterdrückung der Triebe erweist sich auch im religiösen Leben als unzureichend und nicht abschließbar. Rückfälle in die Sünde sind beim Frommen sogar häufiger als beim Neurotiker und begründen eine weitere Art von religiösen Betätigungen, die Bußhandlungen, Übungen, die ebenfalls an Zwangshandlungen gemahnen.

Eine besondere Eigentümlichkeit der Zwangsneurose besteht darin, daß das Zwangszeremoniell sich an kleine Handlungen des täglichen Lebens anschließt und sich, wie beschrieben, in läppischen Vorschriften und Einschränkungen derselben äußert. Man kann diese Eigentümlichkeit erst verstehen, wenn man begreift, daß eine Verschiebung der Bedeutung stattgefunden hat. Die Bedeutung der Handlung ist vom eigentlich Gemeinten auf ein entferntes, eventuell nur symbolisch oder durch ein Detail mit dem Eigentlichen verbundenes Kleines verschoben worden. Diese Neigung zur Verschiebung ist es, die das Bild der Krankheit immer weiter abändert und es dahin bringt, das scheinbar Geringfügigste zum Wichtigsten und Dringendsten zu machen. »Es ist nicht zu verkennen, daß auf dem religiösen Gebiete eine ähnliche Neigung zur Verschiebung des psychischen Wertes, und zwar in gleichem Sinne, besteht, so daß allmählich das kleinliche Zeremoniell der Religionsübung zum wesentlichen wird, welches deren Gedankeninhalt beiseite gedrängt hat.«[13]

Sollte sich in religiösem Tun auch der Kompromißcharakter der Zwangshandlungen, die Wiederkehr des Verdrängten im Symptom finden? Diese Annahme scheint auch Freud problematisch. Doch »wird man auch an diesen Zug der Neurose gemahnt, wenn man erinnert, wie häufig alle Handlungen, welche die Religion verpönt – Äußerungen der von der Religion unterdrückten Triebe –, gerade im Namen und angeblich zugunsten der Religion vollführt werden«.[14]

Nach der Darlegung dieser möglichen oder tatsächlichen Übereinstimmungen zwischen Zwangshandlungen und Religionsübungen holt Freud nun zu der Verallgemeinerung aus, »die Zwangsneurose als pathologisches Gegenstück zur Religionsbildung aufzufassen, die Neurose als eine individuelle Religiosität, die Religion als eine universelle Zwangsneurose zu bezeichnen«.[15] Die wesentliche Übereinstimmung, meint er, bestünde in dem zugrundeliegenden Verzicht auf die Betätigung von konstitutionell gegebenen Trieben. Der entscheidende Unterschied liege in der Natur dieser Triebe, die bei der Neurose ausschließlich sexueller, bei der Religion egoistischer Herkunft sei. Diese Unterscheidung spiegelt die damalige Triebtheorie Freuds wider.

Der Analogieschluß ist ein in der Wissenschaft zu Recht weit verbreitetes Verfahren der Hypothesenbildung. Dieser Weg kann aber auf Holzwege oder in Sackgassen führen, wenn über vorschnelle Verallgemeinerungen die Unterschiede zwischen den verglichenen Phänomenen auf der Strecke bleiben. Ich habe den Eindruck, Freud ist in eine Sackgasse geraten. Durch vorschnelle Verallgemeinerungen verwischt er nämlich die Unterschiede erstens zwischen Zeremonie und Zeremoniell beziehungsweise Ritus und Ritual; zweitens zwischen der Annahme unbewußter Motive und der Annahme, es müsse sich immer um gleichartige Motive handeln; und drittens zwischen religiösen Übungen und Religion überhaupt.

Zum ersten: Freud nennt Zeremonien und Riten einerseits, Zeremonielle und Rituale andererseits gleichsam in einem Atemzug. Der Sprachgebrauch macht aber einen bedeutenden Unterschied zwischen ihnen: Zeremonielle und Rituale gelten als Zeremonien und Riten, bei denen die formalen Elemente gegenüber den inhaltlichen eine weitgehende Selbständigkeit gewonnen haben. Man vergleiche das höfische Zeremoniell, das häufig als Beispiel für eine Zeremonie zitiert wird, deren formale Elemente sich bis zur Lächerlichkeit verselbständigt haben. Hier hat offensichtlich die Verschiebung stattgefunden, die Freud beschreibt. Fraglos gibt es Gruppen und Einzelmenschen, in deren religiösem Leben das Einhalten von Regeln, das Ausführen von Gesten, das Zelebrieren von Ritualen, das Aussprechen von Formeln und ähnliches eine so bedeutende Rolle spielen, daß das Zeremoniell offenbar zum bedeutsamsten Ausdruck ihrer Religion geworden ist. Für solche religiösen Übungen leuchtet Freuds Analogie ein. Solche Übungen erinnern tatsächlich an Zwangshandlungen.

Zum zweiten: Zeremonielle und Rituale sind zweifellos von unbewußten Motiven mitgeprägt. Im Grunde gilt dieser Satz für jegliche Handlung und jegliches Erleben; für formelhafte und stereotype Handlungen aber ganz gewiß. Für religiöse

Zeremonielle und Rituale mag gelten, daß ihre tiefsten Motive »allen Gläubigen unbekannt« sind. Die Annahme jedoch, daß es sich dabei regelmäßig um Abkömmlinge von Schuldgefühlen handelt, überzeugt nicht. Gewiß gibt es Rituale mit Beschwichtigungs-, Beschwörungs- und Wiedergutmachungsbedeutung, es gibt aber auch solche, bei denen offensichtlich Verehrung, Lobpreis, Anbetung, Dank, Bitten und ähnliches gemeint sind, was jedenfalls nicht ohne weiteres als Wiedergutmachung zu deuten ist.

Zum dritten: Der Schluß von der religiösen Übung auf die Religion schlechthin erscheint besonders befremdlich. Zu den »Dimensionen der Religiosität« gehört zwar auch die »ritualistische« Dimension.[16] Die Gleichsetzung von Ritus oder gar Ritual mit Religion reduziert aber die Religion auf eines ihrer Elemente, kann daher nicht befriedigen. Das hat Freud auch bemerkt. Die Deutung der Religion als einer allgemeinen oder universellen Zwangsneurose kehrt in seinen späteren Schriften gelegentlich noch wieder. 1927 aber räumt er in *Die Zukunft einer Illusion* ein: »Das Wesen der Religion ist mit dieser Analogie ... nicht erschöpft.«[17] Damit widerruft er seine Deutung, die, soweit ich sehe, auch nie sehr überzeugend gewirkt hat.

Religion, Erbe archaischer Denksysteme?

Am Silvesterabend 1909 stieß Freud erneut auf das Problem des Glaubens und der religiösen Bindungen. In einem Brief an Sandor Ferenczi vom 1. Januar 1910 schrieb er, ihm sei in der vergangenen Nacht eine Idee darüber gekommen, was die Bedeutung der Religion sein könne. Er glaube, »der letzte Grund der Religionen« sei »die infantile Hilflosigkeit der Menschen«.[18] Näheres führte er in dem Brief nicht aus. Das Thema Religion muß ihn in den folgenden drei Jahren aber enorm beschäftigt haben. Immer wieder ließ er seine Freunde und Mitarbeiter wissen, wie sehr es ihn fesselte und wie intensiv er die Literatur durchforschte, bis er 1912 und 1913 die später in einem Band zusammengefaßten Aufsätze über *Totem und Tabu* publizieren konnte.

Wie der Titel des Buches verrät, gründet Freud seine Überlegungen nicht etwa auf die jüdisch-christliche Religion oder auf die ihm ebenfalls vertraute griechische Mythologie. Als Quellen dienten ihm vielmehr ethnologische und religionswissenschaftliche Werke, die sich mit frühen Religionsformen, insbesondere mit dem Totemismus australischer und polynesischer Ureinwohner beschäftigten und die in den Jahren zuvor erschienen waren.[19]

Die Frage, warum Freud gerade Vor- oder Frühformen der Religion interessierten, ist leicht zu beantworten. So wie die Psychoanalyse der frühen Lebensgeschichte des Individuums ihm Aufschluß gegeben hatte über dessen spätere Erlebens- und Verhaltensweisen, neurotische Symptome, Charaktereigenschaften und so weiter, erhoffte sich Freud von der Psychoanalyse der religiösen Stammesgeschichte der Menschheit Aufschlüsse über die Religiosität heutiger Menschen.

Anstoß zu diesen Studien hatte ihm C. G. Jung gegeben. In den Jahren zuvor hatte sich dieser intensiv mit der Mythologie und der vergleichenden Religionswissenschaft beschäftigt, und sie hatten häufig darüber gesprochen. 1911 hatte Freud den ersten Teil von Jungs großer Abhandlung *Wandlungen und Symbole der Libido* im Manuskript gelesen. Schon damals war Freud unglücklich über die Richtung, die Jungs Untersuchungen nahmen. Jung leitete aus der Mythologie Schlußfolgerungen ab und übertrug sie auf klinische Gegebenheiten, um diese zu erklären, während Freud darauf bestand, nachzuprüfen, wie weit gesicherte Ergebnisse aus der klinischen Praxis die Probleme der frühen Menschheitsgeschichte erhellen könnten. Zweifellos war es diese Kontroverse, die ihn veranlaßte, sich danach umzusehen, was er selbst zu diesem Gebiete beitragen könne.

Daß er gerade den Totemismus zum Studienobjekt wählte, dürfte mit seinem damaligen klinischen Interesse eng verknüpft sein. Die Behandlungen des »Kleinen Hans« mit seiner Pferdephobie[20] und des »Rattenmannes«[21] hatten ja sein Interesse auf die unbewußte Bedeutung von Tieren gelenkt.

Bei seinen Studien über totemistische Religionsformen traf Freud auf Beobachtungen, die ihn als Psychoanalytiker hellhörig machen mußten. Es waren Phänomene, die zwar den Vorstufen der Religion zuzurechnen, bis heute aber nicht ausgestorben sind, Phänomene, die sich darüber hinaus durch eine unaufgelöste Widersprüchlichkeit auszeichnen. Unaufgelöste Widersprüche im bewußten Erleben weisen aber auf unbewußte Bedeutungen hin, die die Widersprüche aufrechterhalten.

Bei diesen Phänomenen handelt es sich einmal um das Rätsel des Totemismus überhaupt, insbesondere um das strenge Verbot der Totemtötung und das ebenso strenge Exogamiegebot; zum anderen um die Geheimnisse des Tabus, des Animismus und der Magie. Was meinen diese Phänomene? Um welche Widersprüche handelt es sich? Und welche unbewußten Motive können es sein, die diese aufrechterhalten?

Die australischen beziehungsweise polynesischen Stämme gliedern sich in kleinere Sippen oder Clans, deren jede sich nach einem Totem benennt. Das Totem ist meistens ein Tier, seltener eine Pflanze oder eine Naturkraft wie Regen oder Wasser. Die Sippenangehörigen sind davon überzeugt, daß dieses Totem in einem ganz besonderen Verhältnis zu der Sippe steht. Das Totem gilt als Schutzgeist und Helfer, das Orakel sendet und, wenn Gefahr droht, den Mitgliedern der Sippe beisteht.

Aus der Zugehörigkeit zum Totem leiten sich alle sozialen Verpflichtungen der Stammesangehörigen ab, unter ihnen die strikte Verpflichtung, ihr Totem nicht zu töten und sich seines Genusses zu enthalten. Eine ebenso strenge Verpflichtung gilt der Exogamie, das heißt dem Verbot, geschlechtliche Beziehungen unter Totem-Genossen einzugehen, beziehungsweise der Forderung, sich den Ehepartner außerhalb des Stammes zu suchen. Werden diese Gebote übertreten, wird das vom ganzen Stamm aufs Drastischste geahndet: Der Mann wird getötet, die Frau wird schwer bestraft (zum Beispiel ausgepeitscht). Der Clan stellt also eine Art Großfamilie von Brüdern und Schwestern dar, in der ein striktes Inzestverbot herrscht.

Um so sonderbarer berührt es zu hören, daß wenn nicht bei allen, so doch bei vielen Stämmen zu gewissen Zeiten gerade diese beiden heiligsten Gebote übertreten werden: An bestimmten Festtagen wird das Totem getötet und gemeinsam verspeist, und dann hebt eine sexuelle Orgie an. Wie ist dieser Widerspruch zu verstehen? Wie kann einmal etwas unter Todesstrafe verboten sein, was ein andermal erlaubt, ja gefordert ist? Freud verschiebt die Deutung dieses Widerspruchs und wendet sich zunächst anderen Phänomenen zu.

Eng mit dem Totem verknüpft ist das sogenannte Tabu. Tabu ist ein polynesisches Wort. Andere Sprachen haben es übernommen, weil es in ihnen keinen analogen Begriff gibt. Im Lateinischen entspräche dem Tabu das Wort *sacer,* im Griechischen das Wort *hagos,* im Hebräischen das Wort *kodausch.* Tabu, sacer, hagos, kodausch sind Begriffe, die eine merkwürdige Doppelbedeutung haben. Sie meinen einerseits heilig, unnahbar, erhaben, geweiht, andererseits unheimlich, gefährlich, verboten, unrein. Als Quelle des Tabus wird eine eigentümliche Zauberkraft angesehen, die an den tabuisierten Personen beziehungsweise Situationen haftet.

Das Tabu äußert sich im wesentlichen in Verboten und Einschränkungen. Im Kern geht es um das Verbot der Berührung im weitesten Sinne. Die Tabuverbote entbehren jeder Begründung. Ihre Herkunft ist unbekannt. Außenstehenden erscheinen sie völlig unverständlich, während sie jenen, die unter ihrer Herrschaft stehen, ganz selbstverständlich sind. Verletzt jemand das Tabu, rächt sich das meistens von selbst. Wer ein Tabu übertreten hat, ist dadurch selbst tabu geworden. Allenfalls kann sich der Betroffene durch Bußhandlungen und Reinigungszeremonien von diesem Stigma befreien. Die Auswirkungen einer Tabuverletzung sind aber nicht für alle Menschen gleich. Menschen, denen selbst eine Art Zauberkraft innewohnt, das sogenannte Mana, sind vor den Folgen dieses Frevels stärker geschützt als solche, die dieses Mana nicht oder nur in einem geringeren Maße besitzen. Ein König zum Beispiel ist voller Mana und damit für gewöhnliche Menschen unnahbar. Ein Minister aber kann sich dem König einigermaßen ungefährdet nähern, weil auch er über ein starkes Mana verfügt.

Personen beziehungsweise Situationen, die mit einem Tabu behaftet sind, sind zum einen Könige, Priester und Neugeborene, zum anderen alle Menschen in Ausnahmezuständen wie zum Beispiel der Pubertät, in Krankheit und Tod sowie Frauen während der Menstruation und bei der Geburt. Was ist das Gemeinsame dieser Personen und Situationen, was ihre besondere Verletzlichkeit?

Freud nimmt mit den erwähnten Forschern an, daß das Tabu ursprünglich einmal aus der Furcht vor der Wirkung dämonischer Mächte entstanden ist. Allmählich hat sich das Tabu vom Dämonismus losgelöst und verselbständigt. Das merkwürdige und psychologisch Herausfordernde am Tabu ist aber die Doppelbedeutung von heilig und unrein. Wie kann es zu solchen Gegensätzen kommen? Wieso löst sich ein solcher Widerspruch nicht auf? Der Grund kann nur darin liegen, daß beiden Bedeutungen ursprünglich eine gemeinsame Bedeutung zugrunde gelegen hat, die unbewußt noch fortwirkt. Welche gemeinsame Bedeutung kann aber dem Heiligen und dem Unreinen zugrunde liegen?

Zur Deutung dieses Rätsels greift Freud auf die Zwangsneurose zurück, die man durchaus als »Tabukrankheit« charakterisieren kann. Zwangskranke sind ja dadurch definiert, daß sie bestimmte Dinge nicht tun, bestimmte Worte nicht sagen, bestimmte Gedanken nicht denken dürfen. Statt dessen müssen sie etwas anderes tun, sagen oder denken. Für den Zwangskranken selbst wie auch für seine Umgebung sind diese Verbote und Gebote scheinbar unmotiviert und in ihrer Herkunft rätselhaft. Irgendwann sind sie aufgetreten und müssen nun, einer unbezwingbaren Macht folgend, beibehalten werden.

Was Zwangskranke mit Zwangszeremoniellen tun, sagen oder denken müssen, hat, wenn man sie näher studiert, etwas mit Wiedergutmachung zu tun. Es sind Akte, Worte oder Gedanken der Buße, der Sühne oder der Reinigung.

Die Berührung ist das Haupt- und Kernverbot der Zwangsneurose. Eine der häufigsten Zwangshandlungen ist bekanntlich der Waschzwang. Durch das Waschen muß der Zwangskranke immer wieder etwas entfernen, womit er glaubt, in Berührung gekommen zu sein. Das Verbot erstreckt sich nicht nur auf direkte Berührungen mit dem zu vermeidenden Körper. Auch alles, was die Gedanken auf das Verbotene lenkt, also eine Gedankenberührung, ja schon ein körperliches oder gedankliches Sich-Nähern ist verboten.

Zwangssymptome sind deswegen so schwer zu begreifen, weil sie sich oft auf lächerliche Nebensächlichkeiten beziehen: Das Nebensächliche bekommt die unvermutete Bedeutung, weil diese von dem eigentlich Gemeinten auf eine an sich unbedeutende Kleinigkeit verschoben wurde.

Vergleicht man nun die Tabugebräuche mit den Zwangssymptomen, so zeigen sich Ähnlichkeiten in fünf Punkten: Die Gebote und Verbote sind scheinbar unmotiviert; sie haben etwas mit Wiedergutmachung zu tun; sie werden durch eine Angst erzwungen, hinter der sich eine innere Macht verbirgt; im Kern geht es stets um Berührungsverbote; die Ge- und Verbote beziehen sich auf Personen, Objekte oder Situationen, die ihre Bedeutung durch Verschiebung erlangt haben müssen.

Die Bestätigung der Analogie von Tabugebräuchen und Zwangssymptomen findet Freud in einem Beispiel von James George Frazer: »Ein Maorihäuptling wird kein Feuer mit seinem Hauch anfachen, denn sein geheiligter Atem würde seine Kraft dem Feuer mitteilen, dieses dem Topf, der im Feuer steht, der Topf der Speise, die in ihm gekocht wird, die Speise der Person, die von ihr ißt, und so müßte die Person sterben, die gegessen von der Speise, die gekocht in dem Topf, der gestanden im Feuer, in das geblasen der Häuptling mit seinem heiligen und gefährlichen Hauch.«[22] In dieser Beschreibung Frazers sind alle Elemente des Tabus enthalten. Zugleich ist der Widerspruch von heilig und unrein (beziehungsweise gefährlich) aufgehoben. Der geheiligte Atem ist nämlich zugleich tödlich gefährlich. Die Verbindung besteht im Unnahbaren und Unberührbaren, Eigenschaften, die sich tatsächlich sowohl auf das Heilige wie auf das Unreine beziehen.

In den Tabugebräuchen ist ein »Tabugehorsam« wirksam, ein blindes Befolgen von Ge- oder Verboten, die im Zusammenhang mit der Unnahbarkeit und der Unberührbarkeit sowohl des Heiligen wie des Unreinen eine Vorform der Moral darstellen. Zwangsverbote und Zwangszeremonielle wirken in einer ähnlichen Weise. Sie unterliegen auch einem Tabugehorsam, so daß Freud in *Zwangshandlungen und Religionsübungen* von der Zwangsneurose als dem »Zerrbild einer Privatreligion« sprechen konnte.

Die Psychoanalyse hat aufgedeckt, wie Zwangssymptome entstehen. Betrachten wir den Fall von Berührungsangst. Am Anfang muß eine starke Berührungs- und Bemächtigungslust vorgeherrscht haben. Dieser Berührungs- und Bemächtigungslust trat alsbald ein Verbot entgegen. Dieses Verbot wurde verinnerlicht. Es erwies sich als stärker denn die Berührungs- und Bemächtigungslust, aber es gelang dem Verbot nicht, die triebhafte Lust aufzuheben. So bleiben beide, Trieb und Verbot, erhalten. Es geht also beim Zwangssymptom um eine unerledigte Situation. Das Individuum will die Handlung, die Berührung, immer wieder ausführen, verabscheut sie aber ebenso stark. Das Verbot ist bewußt, die fortdauernde Berührungs- und Bemächtigungslust aber ist unbewußt. So schwankt der Zwangsneurotiker zwischen Faszination und Abscheu, möchte seinen Zwang aufgeben und kann es nicht. Er ist in einem schrecklichen Zwiespalt gefangen.

Will man sich die Entstehung des Tabus nach dem Vorbild von Zwangssymptomen erklären, kann man mit Freud folgendes annehmen: Die Tabus sind uralte Verbote, die früheren Generationen von außen aufgedrängt und gewalttätig eingeschärft wurden. Die nachfolgenden Generationen haben sie schon verinnerlicht. Diese Verbote bestrafen Tätigkeiten, zu denen eine starke Neigung bestand. Welches diese Neigung war, ist ganz unklar geworden. Die Verbote aber haben sich von Generation zu Generation erhalten. Nur aus der Art der Verbote, nämlich aus ihrer Unbedingtheit und ihrem Angstpotential, ist zu schließen, daß die ursprünglich verbotene Neigung fortbesteht. Daraus folgt die ambivalente Einstellung zu den Tabuverboten: Die Tabugenossen möchten im Unbewußten nichts lieber als diese Verbote übertreten, aber sie fürchten sich schrecklich davor. Und sie fürchten sich um so mehr, je mehr sie es möchten. Indem das Tabuisierte sowohl als heilig wie auch als unrein erlebt wird, ist es gesichert vor Berührung und Bemächtigung und damit vor dem Durchbruch der verbotenen Impulse.

Unter Animismus versteht man den Glauben an (unsterbliche) seelische Mächte beziehungsweise Geister. Man unterscheidet Animatismus von Animismus. Animatismus ist der Glaube an die Belebtheit der uns unbelebt erscheinenden Natur. Animismus wäre dann eine schon etwas eingeschränktere Annahme, nach der die Welt von einer Unzahl von geistigen Wesen, von Geistern oder Dämonen bevölkert, aber nicht als Ganzes belebt ist. Den Geistern oder Dämonen wird die Verursachung der sonst unerklärlichen Naturvorgänge zugeschrieben.

Ethnologen bestätigen, daß sich ganz ähnliche animistische Vorstellungen bei den verschiedensten Völkern und zu allen Zeiten gezeigt haben. Auf die Frage, wie die frühen Menschen zu dieser dualistischen Weltanschauung gekommen sind, geben sie die Antwort, daß wahrscheinlich die Beobachtungen von Schlaf und Tod diese Annahme nahelegen. Im Schlaf, besonders im Traum, begibt man sich ja sozusagen in eine andere Welt. Und der Schlafende, den wir beobachten, lebt anscheinend irgendwo anders. Den Tod kann man sich in ähnlicher Weise vorstellen. In allen frühen Kulturen ist die Annahme eines Fortlebens nach dem Tode selbstverständlich.

Die Widersprüchlichkeit des Animismus liegt im Auseinanderfallen des Menschen in den sterblichen Leib und die unsterbliche Seele, eine Annahme, die von vielen allerdings nicht als Widerspruch verstanden wird. Der unbewußte Sinn dieses Widerspruches könnte die erwünschte Unsterblichkeit sein, die Weigerung des Menschen, sich mit dem Gedanken anzufreunden, daß ein Menschenleben wirklich einmal zu Ende ist.

Freud übernimmt von Frazer, Wundt und anderen, daß der Animismus wohl das früheste Denksystem der Menschheit gewesen sei. Folgt man diesen Autoren, so hat die Menschheit drei solcher Denksysteme im Laufe der Zeit hervorgebracht: das animistische, das religiöse und das wissenschaftliche.

Mit jeder Weltanschauung verbunden ist das praktische Bedürfnis, sich der Welt zu bemächtigen. Das gilt für den Animismus ebenso wie für Religion und Wissenschaft. Eine Weltanschauung soll uns ja etwas an die Hand geben, eine Anweisung, wie wir verfahren müssen, um der Dinge unserer Umgebung Herr zu werden. Der Weltanschauung des Animismus entspricht die Strategie der Magie.

Mit Magie bezeichnen wir den Versuch, auf psychischem Wege physische Wirkungen zu erzielen. Gedanken sollen sich in Handlungen umsetzen, inneres Erleben soll äußeres Geschehen hervorrufen. Für die Weltanschauung des Animismus ist das nur logisch. Denn wenn die Natur von Geistern belebt ist und die unerklärlichen Naturerscheinungen von Geistern verursacht werden, dann ist der Versuch, mit seelischen Mitteln andere Seelen, nämlich Geister und Dämonen, beeinflussen zu wollen, folgerichtig.

Wie aber ist der Widerspruch zu erklären, der darin besteht, daß nüchterne Beobachter doch schon seit Jahrtausenden die Unwirksamkeit dieser magischen Rituale erkannt haben und dennoch Magie und Aberglaube bis heute blühen? Offenbar hat der Mensch ein großartiges Zutrauen zur Macht seiner Wünsche, ein so großartiges Zutrauen, daß Fakten diese Macht nicht widerlegen. Der bis heute nicht verschwundenen Magie liegt zweifellos die Vorstellung von der Allmacht der Gedanken zugrunde.

Die Bezeichnung »Allmacht der Gedanken« hat Freud von einem Patienten, wieder einem Zwangsneurotiker, übernommen. Tatsächlich finden wir bei Zwangsneurotikern ganz regelmäßig eine magische Überschätzung der eigenen Gedanken.

Die obengenannten drei aufeinanderfolgenden Denksysteme sind gekennzeichnet durch einen zunehmenden Verzicht auf Macht. Freud formuliert: »Im animistischen Stadium schreibt der Mensch sich selbst die Allmacht zu; im religiösen hat er sie den Göttern abgetreten, aber nicht ernstlich auf sie verzichtet, denn er behält sich vor, die Götter durch mannigfache Beeinflussungen nach seinen Wünschen zu lenken. In der wissenschaftlichen Weltanschauung ist kein Raum mehr für die Allmacht des Menschen, er hat sich zu seiner Kleinheit bekannt und sich resigniert dem Tode wie allen anderen Naturnotwendigkeiten unterworfen. Aber in dem Vertrauen auf die Macht des Menschengeistes, welcher mit den Gesetzen der Wirklichkeit rechnet, lebt ein Stück des primitiven Allmachtglaubens weiter.«[23]

Wie kommen wir zu dieser Überschätzung unserer Macht? Freud führt dies meines Erachtens einleuchtend auf den frühkindlichen Narzißmus zurück. Das kleine Kind lebt in den ersten Monaten und Jahren bekanntlich in einer magisch-animistischen Welt. An Aussprüchen von kleinen Kindern kann man sich leicht überzeugen, wie unrealistisch sie ihre Gedanken und Wünsche überschätzen. Auch im erwachsenen Menschen leben Reste dieser Selbstüberschätzung, bei dem einen mehr, bei dem anderen weniger. So ist es entwicklungspsychologisch nicht unverständlich, wenn wir auf narzißtisch-omnipotente Gedanken von großer Zähigkeit beim Menschen allgemein, speziell aber bei einzelnen Individuen treffen.

Betrachtet man mit Freud die drei Weltanschauungen noch einmal vom Standpunkt des Narzißmus, kann man sagen, daß die animistische Phase dem primitiven Narzißmus entspricht, die religiöse Phase der Stufe von Objektbeziehungen, welche durch die Idealisierung der Eltern charakterisiert ist, die wissenschaftliche Phase wäre dann die Entwicklung, in der der Mensch »auf das Lustprinzip verzichtet hat und unter Anpassung an die Realität sein Objekt in der Außenwelt sucht«. »Nur auf einem Gebiete«, räumt Freud ein, »ist auch in unserer Kultur die ›Allmacht der Gedanken‹ erhalten geblieben, auf dem der Kunst. In der Kunst allein kommt es noch vor, daß ein von Wünschen verzehrter Mensch etwas der Befriedigung Ähnliches macht, und daß dieses Spielen – dank der künstlerischen Illusion – Affektwirkungen hervorruft, als wäre es etwas Reales. Mit Recht spricht man vom Zauber der Kunst und vergleicht den Künstler mit einem Zauberer.«[24]

Kommentar

Sind Totemismus, Tabu, Animismus und Magie nicht längst überholte, allenfalls in entlegenen Gebieten der Erde unter »primitiven« Stämmen noch wirksame archaische Denksysteme? Das mag zutreffen, wenn man Gesellschaften, in denen diese Denksysteme noch in Reinkultur anzutreffen sind, den Gesellschaften mit Hochreligionen gegenüberstellt. Schaut man Gesellschaften mit Hochreligionen aber näher an, findet man, daß die genannten Phänomene keineswegs ausgestorben, sondern noch erstaunlich lebendig sind, wenn auch in sublimerer Weise.

Die zentrale Vorstellung bei Tabu, Animismus und Magie scheint mir das Mana zu sein. Freud nennt es eine Art Zauberkraft. Würde man es in den heutigen Hochreligionen nicht eine geistliche Macht, eine transzendentale Kraft oder eine übernatürliche Gabe nennen, die von bestimmten Personen (besonders Priestern) ausgeht oder bestimmten Orten (zum Beispiel Wallfahrtsorten) oder Gegenständen (zum Beispiel der geweihten Hostie, Reliquien, Gnadenbildern) anhaftet? In der katholischen Kirche ausgeprägt, im Protestantismus deutlich relativiert, ist es jedenfalls erhalten.

Mana wäre die Kraft, die den katholischen Priester befähigt, Brot und Wein in den Leib und das Blut Christi zu verwandeln, den reuigen Sünder von seiner Schuld loszusprechen oder (protestantisch) ihm Vergebung zuzusagen, den Segen Gottes herabzurufen; die Kraft, die durch Handauflegung eines Bischofs dem neuen Bischof die apostolische Sukzession sichert oder den Bischof befähigt, Priester zu weihen. Theologen werden sagen, das seien symbolische Gesten oder Worte. Aber von diesen Symbolen wird doch angenommen, daß sie das vermitteln oder bewirken, was sie symbolisieren.

Gibt es heute noch Tabus, speziell Berührungstabus? Es gibt sie. Im Jahre 1992 hat der saudische Informationsminister Ali ben Hassan asch-Schair in einem Zeitungsinterview bedauert, daß in Saudi-Arabien auch weiterhin keine christlichen Kirchen gebaut werden dürfen. Dieses Verbot sei ein »Befehl Gottes«, denn der Boden der arabischen Halbinsel sei ein heiliger Bezirk, der Nicht-Moslems verschlossen sei.[25]

Im Islam wie im Judentum gibt es meines Wissens bis heute das Verbot, in Kulträumen Bilder oder Skulpturen von Menschen oder Tieren zu zeigen. Im Judentum galt – jedenfalls über lange Zeiten hinweg – das Verbot, den Namen Jahve auszusprechen.

Im 13. Jahrhundert schlug der Fürstbischof von Münster einen Aufstand der Bauern meiner Heimatgemeinde mit Gewalt nieder. Bei dieser Gelegenheit ohrfeigte er einen Kaplan. Daß der Bischof auf der Heimreise tödlich verunglückte, gilt bis heute als nicht weiter verwunderlich. Die Gewalttat gegenüber einer geweihten Person ist selbst für einen Bischof tabu. Bis zum Zweiten Vatikanischen Konzil galt die Berührung eines Meßkelches durch einen Laien als Entweihung, durfte der Gläubige die Hostie mit dem Mund aufnehmen, nicht aber mit der Hand berühren. Das bis dahin geltende Nüchternheitsgebot vor dem Empfang der Heiligen Kommunion liegt wohl auf derselben Ebene.

Nach den Speisegeboten des orthodoxen Judentums dürfen sich bestimmte Nahrungsmittel nicht berühren. Sie sind in verschiedenen Gefäßen zuzubereiten und müssen getrennt gegessen werden.

Diesen wenigen Beispielen von offiziellen Berührungsverboten könnten zahllose aus dem religiösen Brauchtum und dem – von der Religion nur schwer zu trennenden – Aberglauben hinzugefügt werden. Es geht stets darum, daß ein Frevel zu vermeiden ist, eine physische oder psychische Berührung beziehungsweise Bemächtigung unterbleibt.

Der Animismus lebt in der Lehre von Engeln und Teufeln fort, aber auch in der Vorstellung, daß das menschliche Wesen eine unsterbliche Seele enthält, die den sterblichen Leib verlassen und zu einem anderen Ort (Himmel, Fegefeuer, Hölle) wandern kann. Die Lehre von der Reinkarnation basiert auf derselben Annahme. Seelen in diesem Sinne sind die Träger der geistigen Fähigkeiten des Menschen. Geister und Dämonen sind solche selbständig gewordenen Seelen.

Magie und Allmacht der Gedanken durchdringen bis heute das religiöse Leben, den Aberglauben und das Brauchtum auch in unseren Regionen. Theologen mögen dem eine andere Deutung geben, aber das Aussprechen bestimmter Gebete und Segensformeln, das Kreuzzeichen bei Blitzen, das Tragen von Amuletten, das Aufstellen brennender Kerzen, das Singen von Litaneien, das Abhalten von Flurprozessionen und viele andere Riten und Rituale werden gewiß von den meisten Menschen auch heute noch als magische Beschwörungsversuche verstanden.

Religion ist sicher nicht nur das Erbe archaischer Denksysteme. Es ist aber nicht zu bezweifeln, daß diese Denksysteme, ob erwünscht oder nicht, auch die Hochreligionen prägen. Es verbergen sich in ihnen zentrale religiöse Annahmen, nämlich die, daß es um etwas Besonderes, Einmaliges, Herausgehobenes, Überirdisches, Transzendentes geht, Annahmen, die der Religiosität ihre spezifische Qualität verleihen. Letztlich geht es um die erstrebte oder versagte Teilhabe an einer höheren Macht. Im dritten Teil dieses Buches werde ich darauf zurückkommen.

Vaterreligion, Gedenken und Sühne einer Urschuld?

Zur Zeit Freuds bestanden verschiedene Theorien über die Herkunft und Bedeutung des Totemismus. Er sichtete und diskutierte sie zunächst. Die nominalistische Theorie nahm an, daß die Stämme irgendwann einmal das Bedürfnis hatten, sich durch Namen voneinander zu unterscheiden. Man wählte einfach Tier- oder Pflanzennamen. Später geriet diese Erklärung in Vergessenheit, und das Totem bekam die beschriebene Bedeutung. Angenommen, diese Theorie träfe zu, blieben alle Rätsel des totemistischen Systems ungelöst.

Soziologische Theorien vermuteten, daß der jeweilige Stamm von dieser besonderen Tier- oder Pflanzenart lebte, vielleicht mit diesem Nahrungsmittel Handel trieb, mit diesem Tier oder der Pflanze in einer anderen Weise besonders vertraut war. Solche an sich sehr naheliegende Annahmen haben sich aber in keinem Fall bestätigt. Es findet sich keine geographische, biologische oder ökonomische Sonderbeziehung dieser Stämme zu den jeweiligen Totemtieren oder -pflanzen. Und wiederum würde diese Erklärung nur wenig beitragen zu der sozialen und religiösen Bedeutung des Totemismus.

Psychologische Theorien nahmen an, daß die totemistischen Stämme an Seelenwanderung glauben und das Totem einen sicheren Zufluchtsort für die Seele darstellt. Hat der Stammesangehörige seine Seele in seinem Totem untergebracht, so ist er unverletzlich. Und da er nicht weiß, welches Individuum der Tierart sein Seelenträger ist, liegt es nahe, die ganze Art zu verschonen.

Das Totem als Seelenträger paßt gut zur Schwängerungstheorie des Stammes der Aronta, von der Frazer berichtet. Die Aronta kennen nicht den Zusammenhang zwischen Konzeption und Geschlechtsakt. Nach ihrer Meinung erfolgt die Schwängerung durch Eindringen eines auf Wiedergeburt lauernden Geistes aus dem Totemtier in den Leib der Frau. Danach wären alle Kinder tatsächlich Kinder des Totems.

Diese Theorie würde die häufige Identifizierung des Totemtiers mit dem Ahnherrn des Stammes erklären.

Wie erklärt sich aber das Exogamiegebot beziehungsweise das Inzestverbot? Freud zitiert Edvard Westermarck, der die Inzestscheu ganz allgemein als einen biologischen Instinkt bedeutet, der von der Schädlichkeit der Inzucht innerhalb einer Gattung »wisse«. Freud hält dagegen, wieso sich dieser Instinkt denn so irren könne. Zwar sei Inzucht innerhalb der biologischen Familie schädlich, keineswegs aber innerhalb eines großen Stammes. Vor allem aber fragt er, warum ein tiefwurzelnder menschlicher Instinkt der Verstärkung durch ein Gesetz bedürfe, denn Gesetze verbieten den Menschen nur das, was sie unter dem Drängen ihrer Triebe gern tun möchten. Eine instinktive Inzestscheu aber bedürfe keines Verbotes.

Die Psychoanalyse habe im übrigen mit der Annahme einer angeborenen Abneigung gegen den Inzest vollends aufgeräumt. Sie stelle im Gegenteil fest, daß die ersten sexuellen Regungen des Menschen regelmäßig inzestuöser Natur sind. Dagegen seien die strengen Inzestverbote gerichtet.

Die Theorie, der Freud sich anschließt, ist die von Charles Darwin über den sozialen Urzustand der Menschen. Darwin folgerte aus den Lebensgewohnheiten der höheren Affen, daß auch der Mensch ursprünglich in kleineren Horden gelebt hat, innerhalb welcher die Eifersucht des ältesten und stärksten Männchens die sexuelle Promiskuität verhinderte. Wie auch bei den Gorillas und den Hirschen sind die jüngeren und schwächeren Männchen gezwungen, ihre Sexualpartner außerhalb der Horde zu suchen. Die Exogamie wäre dann vom stärksten Männchen, dem Vater der Urhorde, der alle Weibchen für sich beanspruchte, erzwungen worden.

Hat etwa das Totemtier die Bedeutung des Vaters der Urhorde? Wenn dies der Fall ist, folgert Freud, »dann fallen die beiden Hauptgebote des Totemismus, die beiden Tabuvorschriften, die seinen Kern ausmachen, den Totem nicht zu töten und kein Weib, das dem Totem angehört, sexuell zu gebrauchen, inhaltlich zusammen mit den beiden Verbrechen des

Ödipus, der seinen Vater tötete und seine Mutter zum Weibe nahm ... Sollte diese Gleichung mehr als ein irreleitendes Spiel des Zufalls sein, so müßte sie uns gestatten, ein Licht auf die Entstehung des Totemismus in unvordenklichen Zeiten zu werfen. Mit anderen Worten, es müßte uns gelingen wahrscheinlich zu machen, daß das totemistische System sich aus den Bedingungen des Ödipuskomplexes ergeben hat.«[26]

Trifft die eben zitierte Hypothese zu, müßte sie weitere Besonderheiten des Totemismus erklären können: Wieso ist beispielsweise das Totem ein Tier, eine Pflanze oder eine Naturkraft? Welchen Sinn haben die Totemtötung und die Totemmahlzeit? Und wo bleiben die Tabuvorschriften mit ihren strengen Strafandrohungen, wenn diese plötzlich aufgehoben erscheinen? Dazu bietet Freud folgende Überlegungen an.

Die Tatsache, daß der Vater im unbewußten Erleben durch ein Tier repräsentiert wird, ist den Psychoanalytikern sehr vertraut. Die Vorstellungen stammen aus der Kindheit. Ein Kind hat zu Tieren bekanntlich ein ganz anderes Verhältnis als der Erwachsene. Es hat gar keine Schwierigkeiten, einem Tier menschliche Ebenbürtigkeit zuzubilligen. Das kann man an jedem Kind beobachten. Aber auch Erwachsene sprechen gern von »großen Tieren«, wenn sie mächtige Personen meinen. Götter wurden früher nicht selten als Tiere dargestellt oder hatten ein Tier zum ständigen Begleiter (Wotan den Raben, Minerva die Eule, die Evangelisten Matthäus, Markus und Lukas werden durch Tiere repräsentiert, nämlich Stier, Löwe und Adler).

Aus Kinderanalysen ist bekannt, das Phobien häufig Tiere betreffen, für welche das Kind bis dahin ein besonders lebhaftes Interesse gezeigt hat. Tierphobien beziehen sich auch nicht auf ein Einzeltier, zum Beispiel auf einen einzelnen Hund, sondern auf die ganze Gattung. Die Analyse von Tierphobien – Freud bezieht sich auf seine Krankengeschichte des »Kleinen Hans« mit seiner Pferdephobie, aber auch auf Mitteilungen anderer Kollegen – hat gezeigt, daß die Angst vor dem Tier eigentlich dem Vater galt. Die Verschiebung der Angst vom

Vater auf ein Tier bietet sich dadurch an, daß eine Seite des Ambivalenzkonfliktes gegenüber dem Vater, nämlich die feindselige und dadurch ängstigende Seite, bei einem Vaterersatz untergebracht werden kann. Kurz: Die Darstellung des Vaters der Urhorde beziehungsweise des Ahnherrn der Sippe als Tier ist psychologisch nichts Ungewöhnliches.

Zur Lösung des Rätsels der Totemmahlzeit bezieht sich Freud zunächst auf William Robertson Smith, der ausführlich die These vertritt, daß die sogenannte Totemmahlzeit von allem Anfang an einen integrierenden Bestandteil des totemistischen Systems gebildet habe. Das Opfer habe ursprünglich etwas anderes bedeutet als das, was spätere Zeiten darunter verstanden, nämlich eine Darbringung an die Gottheit, um sie zu versöhnen oder sich geneigt zu machen. Ursprünglich sei das Opfer nichts anderes gewesen als ein Akt der sozialen Gemeinsamkeit mit der Gottheit und ihren Anbetern, ein Akt der Geselligkeit, eine Kommunion der Gläubigen mit ihrem Gotte. Die älteste Form des Opfers sei das Tieropfer gewesen, dessen Fleisch und Blut der Gott und seine Anbeter gemeinsam genossen. Wesentlich war, daß jeder Teilnehmer seinen Anteil an der Mahlzeit erhielt. Ein solches Opfer war eine öffentliche Zeremonie, das Fest eines ganzen Clans. Jedes Opfer brachte ein Fest mit sich, und kein Fest konnte ohne Opfer gefeiert werden. Das Opferfest war eine Gelegenheit der freudigen Erhebung über die eigenen Interessen, der Betonung der Zusammengehörigkeit untereinander und mit der Gottheit.

Diese Art von Opfermahlzeit beruht auf wohl uralten Vorstellungen über die Bedeutung des gemeinsamen Essens und Trinkens, Vorstellungen, die bis heute gültig sind. Mit einem anderen zu essen und zu trinken war und ist gleichzeitig ein Symbol und eine Bekräftigung von sozialer Gemeinschaft und von Übernahme gegenseitiger Verpflichtungen.

Der Sinn dieses gemeinsamen Essens und Trinkens beruht offenbar darauf, daß alle Beteiligten an einer gemeinsamen Substanz Anteil haben. Der andere ißt dann Fleisch von meinem Fleisch und trinkt Blut von meinem Blut. Teilte man die

Mahlzeit mit seinem Gott, so drückte das die Überzeugung aus, daß man von einem Stoff mit ihm sei. Eine solche Vorstellung liegt allen Blutbündnissen zugrunde, durch die sich auch heute noch Menschen einander verpflichten. Die Auffassung der Blutgemeinschaft als Identität der Substanz läßt auch die Notwendigkeit verstehen, sie von Zeit zu Zeit durch die Opfermahlzeit zu erneuern. Denn die Brüderschaft bleibt – realistisch betrachtet – ja nur solange erhalten, als der gemeinsam genossene Stoff im Körper der Beteiligten verbleibt. So bedarf das Band der Vereinigung der Wiederholung, um es zu verstärken und dauerhaft zu machen.

Was aber geschieht, wenn das Opfertier das Totemtier, die Repräsentanz des Urvaters ist? Wie verträgt sich ein solches Opfermahl mit den Schuldgefühlen, gegen die ansonsten die strengen Tabuvorschriften schützen?

Um diese Frage beantworten zu können, entwirft Freud ein idealtypisches Bild einer solchen Totemmahlzeit: Der Clan tötet bei einem feierlichen Anlaß das Totemtier auf grausame Art und verzehrt es roh, Blut, Fleisch und Knochen. Anwesend sind alle Stammesgenossen, es darf sich keiner von der Tötung und der Mahlzeit ausschließen. Die Stammesgenossen sind wie das Totem gekleidet, imitieren es in Lauten und Bewegungen, als ob sie seine und ihre Identität betonen wollten. Jeder weiß, daß man eine jedem einzelnen verbotene Handlung ausführt. Nur durch die Teilnahme aller kann sie anscheinend gerechtfertigt werden. Nach der Tat wird das hingemordete und verzehrte Tier jedoch beweint und beklagt, bis dieser Trauer und der Totenklage die lauteste Festesfreude, die Entfesselung aller Triebe und die Gestattung aller Befriedigungen folgen.

Eine solche Totemmahlzeit ist offensichtlich eine hochambivalente Handlung. Man tötet zuerst das Totemtier, dann ißt man es auf und betrauert es. Das eine ist ein aggressiver Akt, das andere ein Akt der Verehrung. In dieser Ambivalenz spiegelt sich die Beziehung zum Urvater wie zu jedem Vater. Man liebt ihn und man haßt ihn. Man möchte sein wie er, möchte ihn aber auch beseitigen. So tut man das Verbotene, man tötet das Totem, dann nimmt man es in sich auf und trauert um es. Im gemeinsamen Verzehren des Totems sind Haß und Liebe, Beseitigung und Wiedergutmachung in einem Akt vereinigt, der dann den Überschwang der Orgie ermöglicht.

Diese Bedeutung ist den an der Totemmahlzeit Beteiligten aber nicht bewußt, allenfalls wird sie geahnt. In jeder Totemmahlzeit, so Freud, wird in symbolischer Form eine in der Vorzeit ruhende, in der aktuellen Situation als solche aber nicht bewußte Tat und deren Verarbeitung neu inszeniert. Welches ist die Tat, und wie erfolgt ihre Verarbeitung?

Nehmen wir die Darwinsche Urhorde als gegeben an. Sie wäre dadurch charakterisiert, daß ein gewalttätiger, eifersüchtiger Vater alle Frauen für sich beanspruchte und die heranwachsenden Söhne vertrieb oder erschlug. Man kann sich vorstellen, daß eines Tages die vertriebenen Brüder sich zusammentaten und ihren beneideten und gefürchteten, ihren geliebten und gehaßten Vater erschlugen und verzehrten. In der Tötung setzte sich der Haß durch, im Verzehren aber auch die Liebe. »Die Totemmahlzeit, vielleicht das erste Fest der Menschheit, wäre die Wiederholung und die Gedenkfeier dieser denkwürdigen, verbrecherischen Tat.«[27]

Nach der Beendigung des Festes führten Schuld und Reue zur Einrichtung des Totemismus. Der tote Vater wurde im Totem gleichsam wieder zum Leben erweckt, und das, was die Söhne zuvor getrieben hatten, wurde verboten, nämlich das Totem zu töten und die Frauen des Clans, das Eigentum des Vaters, in Besitz zu nehmen. Mit dem Vatersurrogat des Totems wurde der Versuch gemacht, das brennende Schuldgefühl zu beschwichtigen, eine Art Aussöhnung mit dem Vater zu bewerkstelligen. Der kulturelle Gewinn lag in der Organisation einer Geschwistergemeinschaft, die sich strikt an ethische Regeln hält, die wiederum religiös begründet sind.

Was hat diese totemistische Religion mit den heutigen Hochreligionen zu tun und was der Ödipuskomplex der Brüder der Urhorde mit modernen religiösen Menschen? Viel, behauptet Freud. Das religiöse System des Totemismus habe nämlich Züge geschaffen, die fortan für den Charakter jeder Vaterreligion bestimmend blieben. »Die Totemreligion war aus dem Schuldbewußtsein der Söhne hervorgegangen als Versuch, dies Gefühl zu beschwichtigen und den beleidigten Vater durch den nachträglichen Gehorsam zu versöhnen. Alle späteren Religionen erweisen sich als Lösungsversuche desselben Problems, variabel je nach dem kulturellen Zustand, in dem sie unternommen werden, und nach den Wegen, die sie einschlagen, aber es sind alle gleichzielende Reaktionen auf dieselbe große Begebenheit, mit der die Kultur begonnen hat und die seitdem die Menschheit nicht zur Ruhe kommen läßt.«[28] Auch ein anderer Charakter des Totemismus ist in den Vaterreligionen bewahrt, nämlich die Ambivalenz gegenüber dem Vater. Die Religion des Totems enthält nicht nur die Äußerungen der Reue und die Versuche der Versöhnung, sie dient auch der Erinnerung an den Triumph über den Vater. In der Totemmahlzeit werden immer wieder die Verbote hinweggefegt, und das Verbrechen am Vater wird immer neu wiederholt. Sohnestrotz und Sohnestreue gehen eine merkwürdige Verbindung ein.

Betrachten wir mit Freud die christliche Religion unter dem Aspekt der Fortentwicklung des Totemismus, so fällt die Bedeutung der Abendmahlsfeier als einer Mischung aus Opfer (Vergegenwärtigung des Kreuzesopfers) und Heiligem Mahl (Herrenmahl) auf. Gott ist wie das Totem psychologisch gesehen nichts anderes als ein erhöhter Vater. Wir sprechen ihn auch mit Vater an. Auch an Gott richten sich Reue über Schuld und Sehnsucht nach Schutz und Liebe.

In der christlichen Lehre von der Erbsünde des Menschen hat sich die Überzeugung von einer Urschuld, von einer Versündigung gegen Gottvater erhalten. Wenn Jesus Christus durch seinen Opfertod die Menschen von der Last der Erbsünde erlöste, legt das den Schluß nahe, daß die Ursünde eine Mordtat war, denn nach dem im menschlichen Fühlen tief eingewurzelten Gesetz des Talion (»Auge um Auge, Zahn um Zahn«) kann ein Mord nur durch die Opferung eines anderen Lebens gesühnt werden. Die christliche Lehre bekennt sich demnach sehr unverhüllt zu einer schuldvollen Tat der Urzeit. Im Opfertod des einen Sohnes, nämlich Jesus, hat diese Tat ausgiebigste Sühne gefunden. Aber wieder fordert die Ambivalenz ihre Rechte. Mit der gleichen Tat, welche dem Vater die größtmögliche Sühne bietet, erreicht auch der Sohn das Ziel seiner Wünsche gegen den Vater. Er wird selbst zum Gott. Die Sohnesreligion löst die Vaterreligion ab.

Zum Zeichen dieser Ersetzung wird die alte Totemmahlzeit als Kommunion wiederbelebt, in welcher nun die Geschwisterschar vom Fleisch und Blut des Sohnes, nicht mehr des Vaters, genießt, sich durch diesen Genuß heiligt und sich mit ihm identifiziert. In der Abendmahlsfeier verdichten sich Schuld und Trotz, Reue und Triumph. Das Meßopfer ist eine Sühnehandlung gegenüber dem Vater, die Kommunion aber auch seine neuerliche Beseitigung.

In Beispielen, auf die ich hier nur verweisen kann, versucht Freud dann zu zeigen, wie nicht nur im Christentum, sondern in den verschiedensten Religionen das Thema der Urschuld am Vater, der Sühne und des doch heimlichen Triumphs der Söhne erhalten ist. Das Motiv, daß der tragische Held letztlich zum Erlöser wird, läßt sich immer wieder auffinden.

Kommentar

So plausibel Freuds Deutung des Totemismus erscheinen mag, ist doch die Frage berechtigt, ob es sich hier um eine ernstzunehmende historische Rekonstruktion handelt oder aber um einen Mythos in dem Sinne, daß etwas Gegenwärtiges in die ferne Vergangenheit hineininterpretiert wird.

Zwar sprach Freud gelegentlich von einem »wissenschaftlichen Mythos«[29] oder kommentierte beifällig einen Autor, der von einer »just so story«[30] sprach, er hat aber bis zu seinem Tode hartnäckig an dem Gedanken festgehalten, daß es sich bei dem Mord am Vater der Urhorde um ein historisches Ereignis gehandelt hat; genauer: um historische Ereignisse, die sich in

Wirklichkeit über Jahrtausende erstreckten und sich in dieser Zeit ungezählt oft wiederholten. Diese Ereignisse, meint er, blieben unvergessen und wurden in vielerlei Gestalt von Generation zu Generation tradiert.

Einschränkend räumt er ein, daß Erinnerungen sich nicht auf tatsächliche Ereignisse beziehen müssen. Dem Schuldbewußtsein der Menschen müssen nicht faktische, können auch psychische Realitäten zugrunde liegen. »Demnach könnten die bloßen Impulse von Feindseligkeit gegen den Vater, die Existenz der Wunschphantasie, ihn zu töten und zu verzehren, hingereicht haben, um jene moralische Reaktion zu erzeugen, die Totemismus und Tabu geschaffen hat.«[31]

Ob nun historische Tat oder historische Wunschphantasie einer Tat – wodurch soll die Erinnerung denn lebendig erhalten werden? Freud sieht drei Möglichkeiten: erstens durch die mündliche Tradierung vom Großvater auf den Enkel. Dies wäre eine Weitergabe von bewußten Inhalten. Solche Traditionen, meint er, schleifen sich aber ab. Sie werden bezweifelt, beurteilt und schließlich verworfen. Sie haben nicht die Macht, sich über Hunderte oder gar Tausende von Generationen fortzusetzen.

Zweitens erwägt Freud die Weitervermittlung über das Unbewußte. Im Unbewußten des Individuums werden Inhalte tatsächlich zeitlos und unverändert aufbewahrt. Freud nimmt an, daß das auch für das Unbewußte einer Gesellschaft gilt, »daß keine Generation imstande ist, bedeutsamere seelische Vorgänge vor der nächsten zu verbergen. Die Psychoanalyse hat uns nämlich gelehrt, daß jeder Mensch in seiner unbewußten Geistestätigkeit einen Apparat besitzt, der ihm gestattet, die Reaktionen anderer Menschen zu deuten, das heißt die Entstellung wieder rückgängig zu machen, welche der andere an dem Ausdruck seiner Gefühlsregungen vorgenommen hat.«[32]

Die Annahme einer transgenerationellen Weitergabe unbewußter Inhalte wurde in den letzten Jahrzehnten von Psychoanalytikern eindrucksvoll bestätigt durch die Entdeckung, daß verleugnete oder verdrängte, also unbewußt gewordene Erlebnisse von Verfolgten in Konzentrationslagern, aber auch von Naziverfolgern (KZ-Aufsehern, hohen SS-Führern und ähnlichen) in der zweiten beziehungsweise dritten Generation dennoch auftauchten und psychisch relevant waren. Aber gibt es eine unbewußte transgenerationelle Weitergabe über Jahrtausende?

Da auch Freud dies bezweifelte, an seiner Hypothese aber festhalten wollte, diskutiert er drittens die Möglichkeit einer Weitergabe über das Erbgut im Sinne von Lamarcks Vererbung erworbener Eigenschaften. Nun hat die moderne Vererbungslehre Lamarck widerlegt. Es gibt keine Vererbung erworbener Eigenschaften. Als wollte er dieser späteren Erkenntnis zuvorkommen, spricht Freud auch von »Vererbung psychischer Dispositionen ..., welche aber doch gewisser Anstöße im individuellen Leben bedürfen, um zur Wirksamkeit zu erwachen«.[33] Insofern verbindet er phylogenetische beziehungsweise erbgenetische und ontogenetische Faktoren. Mit den psychischen Dispositionen meint er aber nicht die Tatsache, daß Erbfaktoren im Sinne von genetisch fixierten Präadaptationen kulturunabhängig die Interaktionen von Mutter und Kind, bestimmte kategoriale Affekte und die Verarbeitungsmöglichkeit von Traumata regulieren; auch nicht, daß biologische Bestimmungen wie Abhängigkeit, Nähe, Trennung und Tod, der Geschlechtsunterschied und der Generationsunterschied mit seinen Implikationen von Sexualität und Zeugung allgemein menschliche, von individuellen Erfahrungen zunächst unabhängige »Urphantasien« (Freud) stimulieren. Er versteht den erbgenetischen Anteil am Ambivalenzkonflikt mit dem Vater doch soweit lamarckistisch, als er dabei bleibt, daß die erwähnten historischen Fakten der menschlichen Stammesgeschichte die psychischen Dispositionen geprägt haben.[34]

Erstaunlich ist, daß Freud den ontogenetischen Faktoren nicht mehr Gewicht beigelegt hat. Das Problem der Ambivalenz gegenüber dem Vater mit schuldhaft erlebten Beseitigungswünschen und ängstlichen Wiedergutmachungsbestrebungen gehört ja zur normalen Lebensgeschichte jedes Menschen. Jahre früher, nämlich 1901, hatte er schon in *Zur Psychopathologie des Alltagslebens* geschrieben: »Ich glaube in der Tat, daß ein großes Stück der mythologischen Weltauffassung, die weit bis in die modernsten Religionen hinein reicht, nichts anderes ist als in die Außenwelt projizierte Psychologie. Die dunkle Erkenntnis (sozusagen endopsychische Wahrnehmung) psychischer Faktoren und Verhältnisse des Unbewußten spiegelt sich ... in einer übersinnlichen Realität.«[35]

Statt auf einer historischen Tat oder historischen Wunschphantasien zu bestehen, hätte er annehmen können, daß die ambivalente Beschäftigung mit der Vater-Gott-Gestalt und die geheimnisvollen Schuldgefühle dadurch entstanden sind, daß die Konflikte um den Vater aus der individuellen Lebensgeschichte hinaus und in eine historische Mythologie hineinprojiziert worden sind und dort bearbeitet werden. Die verschiedenen Vaterreligionen bieten sich ja in überzeugender Weise an, in ihren Bildern, Zeremonien, Geschichten, Symbolen und Metaphern dieses Thema in einer angstfreieren Weise bewältigen zu helfen. Dies geschieht allerdings schon seit Jahrhunderten beziehungsweise Jahrtausenden. Und diese Tradition wird von den Angehörigen der Religionen, insbesondere von ihren Priestern, gepflegt und weiterentwickelt. Insofern entsteht der Eindruck einer historischen Dimension. Die Historie bezieht sich dann aber nicht auf stammesgeschichtliche Ereignisse der menschlichen Frühzeit, sondern auf den scheinbar phylogenetischen Umgang mit ontogenetischen Konflikten. Die Vaterreligionen hätten dann eine doppelte Funktion: erstens Lösungsmöglichkeiten für den schuldbesetzten Ambivalenzkonflikt mit dem Vater anzubieten und zweitens ihn ständig lebendig zu erhalten. Da aber Vaterreligionen seit Jahrtausenden existieren und von den Individuen in der beschriebenen Weise genutzt werden, entsteht fälschlich der Eindruck, es gehe um Gedenken und Sühne einer historischen Urschuld.

Ist mit dieser Kritik *Totem und Tabu* als wissenschaftliches Werk hinfällig geworden? Keineswegs! Die Deutungen der Vorformen der Religiosität und deren Spuren in den modernen

Religionen behalten, wie gezeigt, ihre Plausibilität. Versucht man sie aus der individuellen psychologischen Entwicklungsgeschichte des Menschen und aus den kulturellen beziehungsweise religiösen Traditionen zu verstehen, verlieren Freuds Deutungen von Tabu, Animismus, Magie sowie des Totemismus und seiner Wiederkehr in heutigen Hochreligionen nichts von ihrer religionspsychologischen Bedeutsamkeit.

Unter dem Eindruck des wachsenden Antisemitismus in Deutschland, der bald auch auf Österreich übergriff, schrieb Freud im Jahre 1934 eine umfangreiche Abhandlung, die er mit dem Untertitel *Ein historischer Roman* versehen wollte. Aus Sorge, die in Österreich mächtige katholische Kirche zu provozieren, beschloß er, die Arbeit liegen zu lassen. Sie »quälte« ihn aber »wie ein unerlöster Geist«. Er fand den Ausweg, die beiden ersten Kapitel als selbständige Aufsätze zu veröffentlichen, den dritten, den eigentlich anstößigen Teil aber weiter zurückzuhalten.

1938, nach dem sogenannten Anschluß Österreichs an das Deutsche Reich, emigrierte Freud nach London. »Kaum in England eingetroffen, fand ich die Versuchung unwiderstehlich, meine verhaltene Weisheit der Welt zugänglich zu machen.«[36] Er veröffentlichte 1939 alle drei Kapitel unter dem Titel *Der Mann Moses und die monotheistische Religion.* Diese Arbeit ist Freuds letztes Buch.

Worum geht es in dem 145 Seiten langen Werk? Freud nimmt seine in *Totem und Tabu* (1912/13) entworfene These von der Entstehung der (Vater-)Religionen als Reaktion auf die Vatertötung in der Urhorde und die ambivalente Verarbeitung dieser Tat unverändert wieder auf und wendet sie an auf die Geschichte des jüdischen Volkes, genauer auf dessen Religionsgeschichte. Er erhoffte sich dadurch zweierlei: erstens erklären zu können, woher der jüdisch-christliche Monotheismus »seine ungeheure, ›Vernunft und Wissenschaft‹ überwältigende Macht bezieht«,[37] und zweitens die Besonderheiten des Judentums sowie den Antisemitismus neu und besser verstehen zu können. Daß es ihm zugleich um mehr als diese Ziele ging, wird noch zu zeigen sein.

Die Gedankengänge sind schwer zu referieren. Für den Zweck einer Übersicht reicht es aber, die Zusammenfassung wiederzugeben, die Freud selbst in einem Brief an Lou

Andreas-Salomé formuliert hat. In dem Brief vom 6. Januar 1935 heißt es: Die Arbeit »ging von der Frage aus, was eigentlich den besonderen Charakter des Juden geschaffen hat, und kam zu dem Schluß, der Jude ist eine Schöpfung des Mannes Moses. Wer war dieser Moses und was hat er gewirkt? Das wurde in einer Art von historischem Roman beantwortet. Moses war kein Jude, [sondern] ein vornehmer Ägypter, hoher Beamter, Priester, vielleicht ein Prinz der königlichen Dynastie, ein eifriger Anhänger des monotheistischen Glaubens, den der Pharao Amenhotep IV. so um 1350 v. Chr. zur herrschenden Religion gemacht hat. Als nach dem Tode des Pharao die neue Religion zusammenbrach und die achtzehnte Dynastie erlosch, hatte der hochstrebende Ehrgeizige all seine Hoffnungen verloren, beschloß, das Vaterland zu verlassen, sich ein neues Volk zu schaffen, das er in der großartigen Religion seines Meisters erziehen wollte. Er ließ sich zu dem semitischen Stamm herab, der seit den Hyksoszeiten noch im Lande verweilte, stellte sich an ihre Spitze, führte sie aus dem Frondienst in die Freiheit, gab ihnen die vergeistigte Atonreligion und führte als Ausdruck der Heiligung wie als Mittel zur Absonderung die Beschneidung bei ihnen ein, die bei den Ägyptern und nur bei ihnen heimische Sitte war. Was die Juden später von ihrem Gott Jahve rühmten, daß er sie sich zu seinem Volke ausgewählt und aus Ägypten befreit, traf wörtlich zu – für Moses. Mit der Erwählung und dem Geschenk der neuen Religion schuf er den Juden.«

»Dieser Jude vertrug den anspruchsvollen Glauben der Atonreligion so wenig wie früher der Ägypter. Ein christlicher Forscher, Sellin[38], hat es wahrscheinlich gemacht, daß Moses wenige Jahrzehnte später in einem Volksaufstand erschlagen und seine Lehre abgeworfen wurde. Gesichert scheint, daß der aus Ägypten zurückgekehrte Stamm sich später mit anderen verwandten vereinigte, die im Lande Midian [zwischen Palästina und der Westküste Arabiens] wohnten und dort die Verehrung eines auf dem Berge Sinai hausenden Vulkangottes angenommen hatten. Dieser primitive Gott Jahve wurde der Volksgott des jüdischen Volkes. Aber die Mosesreligion war nicht ausgelöscht, eine dunkle Kunde war von ihr und ihrem Stifter geblieben, die Tradition verschmolz den Mosesgott mit Jahve, schrieb ihm die Befreiung aus Ägypten zu und identifizierte Moses mit Jahve-Priestern aus Midian, die den Dienst dieses Gottes in Israel eingeführt hatten. In Wirklichkeit hat Moses den Namen Jahves nie gekannt, die Juden sind nie durch das Rote Meer gegangen, nie am Sinai gewesen. Jahve hatte für seine Anmaßung auf Kosten des Mosesgottes schwer zu büßen. Der ältere Gott stand immer hinter ihm, im Laufe von sechs bis acht Jahrhunderten war Jahve zum Ebenbild des Mosesgottes verändert worden. Als halberloschene Tradition hatte die Religion des Moses sich endgültig durchgesetzt.« »Dieser Vorgang ist für die Religionsbildung vorbildlich und war nur die Wiederholung eines früheren. Die Religionen verdanken ihre zwingende Macht der Wiederkehr des Verdrängten, es sind Wiedererinnerungen von uralten, verschollenen, höchst effektvollen Vorgängen der Menschengeschichte. Ich habe das schon in Totem und Tabu [1912/13] gesagt, fasse es jetzt in die Formel: Was die Religion stark macht, ist nicht ihre reale, sondern ihre historische Wahrheit.«[39]

Im Buch selbst betont Freud: »Es ist besonderer Hervorhebung wert, daß jedes aus der Vergessenheit wiederkehrende Stück sich mit besonderer Macht durchsetzt, einen unvergleichlich starken Einfluß auf die Menschenmassen übt und einen unwiderstehlichen Anspruch auf die Wahrheit erhebt, gegen den logischer Einspruch machtlos bleibt.«[40] Die wiederkehrende Erinnerung tauche zunächst in entstellten und mißverständlichen Weisen auf, die entsprechend unlogisch und widersprüchlich erschienen. Die Überzeugungskraft aber, mit der sie vorgebracht würden, gehe von dem in der Vergangenheit liegenden Wahrheitskern aus.

Wenn Judentum und Christentum die gleiche Wurzel, der gleiche »Wahrheitskern« nährt – worin unterscheiden sich diese beiden Religionen? Dazu Freud: »Zum Wesen des Vaterverhältnisses gehört die Ambivalenz ... Im Rahmen der Moses-

Religion war für den direkten Ausdruck des mörderischen Vaterhasses kein Raum; nur eine mächtige Reaktion auf ihn konnte zum Vorschein kommen, das Schuldbewußtsein wegen dieser Feindseligkeit, das schlechte Gewissen, man habe sich gegen Gott versündigt und höre nicht auf zu sündigen. Dieses Schuldbewußtsein, das von den Propheten ohne Unterlaß wachgehalten wurde, ... hatte noch eine andere, oberflächliche Motivierung ... Es ging dem Volke schlecht ... es war nicht leicht, an der über alles geliebten Illusion festzuhalten, daß man Gottes auserwähltes Volk sei. Wollte man auf dieses Glück nicht verzichten, so bot das Schuldgefühl ob der eigenen Sündhaftigkeit eine willkommene Entschuldung Gottes. Man verdiente nichts Besseres, als von ihm bestraft zu werden, weil man seine Gebote nicht hielt, und im Bedürfnis, dieses Schuldgefühl, das unersättlich war und aus soviel tieferer Quelle kam, zu befriedigen, mußte man diese Gebote immer strenger, peinlicher und auch kleinlicher werden lassen. In einem neuen Rausch moralischer Askese legte man sich immer neue Triebverzichte auf ... Diese Ethik kann aber ihren Ursprung aus dem Schuldbewußtsein wegen der unterdrückten Gottesfeindschaft nicht verleugnen. Sie hat den unabgeschlossenen und unabschließbaren Charakter zwangsneurotischer Reaktionsbildungen; man errät auch, daß sie den geheimen Absichten der Bestrafung dient.«[41]

Durch das mosaische Verbot, sich ein Bild von Gott zu machen, ja seinen Namen auszusprechen, wurde Gott auf eine höhere Stufe der Geistigkeit gehoben, der Weg eröffnet für weitere Abänderungen der Gottesvorstellung. »Alle solchen Fortschritte in der Geistigkeit haben den Erfolg, das Selbstgefühl der Person zu steigern, sie stolz zu machen, so daß sie sich anderen überlegen fühlt, die im Banne der Sinnlichkeit verblieben sind ... Fortan war es die heilige Schrift und die geistige Bemühung um sie, die das versprengte Volk zusammenhielt.«[42]

Die Entwicklung des Christentums ging einen anderen Weg: »Paulus, ein römischer Jude aus Tarsus, griff dieses Schuldbewußtsein auf und führte es richtig auf seine urgeschichtliche Quelle zurück. Er nannte diese die ›Erbsünde‹, es war ein Verbrechen gegen Gott, das nur durch den Tod gesühnt werden konnte. Mit der Erbsünde war der Tod in die Welt gekommen... Aber es wurde nicht die Mordtat erinnert, sondern anstatt dessen ihre Sühnung phantasiert, und darum konnte diese Phantasie als Erlösungsbotschaft [Evangelium] begrüßt werden. Ein Sohn Gottes hatte sich als Unschuldiger töten lassen und damit die Schuld Aller auf sich genommen. Es mußte ein Sohn sein, denn es war ja ein Mord am Vater gewesen.«[43] Was Paulus verkündete, war die Erlösung von der Urschuld, der Erbsünde, der Auflehnung gegen den Urvater. Sie muß nicht mehr immer neu gesühnt werden, sie ist durch das Sühneopfer Christi aufgehoben.

Die Verkündigung der Sühne und der Erlösung ist für Freud eine Phantasie, denn die »Ambivalenz, die das Vaterverhältnis beherrscht, zeigte sich ... deutlich im Endergebnis der religiösen Neuerung. Angeblich zur Versöhnung des Vatergottes bestimmt, ging sie in dessen Entthronung und Beseitigung aus. Das Judentum war eine Vaterreligion gewesen, das Christentum wurde eine Sohnesreligion. Der alte Gottvater trat hinter Christus zurück, Christus, der Sohn, kam an seine Stelle, ganz so, wie es in jener Urzeit jeder Sohn ersehnt hatte.«[44]

Zwar hielt die christliche Religion die Höhe der Vergeistigung nicht ein, zu der sich das Judentum aufgeschwungen hatte. Sie war (mit der Annahme der Dreifaltigkeit, der Mutter Gottes und den vielen Heiligen) nicht mehr streng monotheistisch. »Und doch war das Christentum religionsgeschichtlich, das heißt in bezug auf die Wiederkehr des Verdrängten, ein Fortschritt, die jüdische Religion von da ab gewissermaßen ein Fossil.«[45] Der Fortschritt liegt nach Meinung Freuds in dem neuen Umgang mit dem Schuldgefühl durch die Annahme, man sei durch Christus von ihm erlöst.

»Es ist eine ansprechende Vermutung, daß die Reue um den Mord an Moses den Antrieb zur Wunschphantasie vom Messias gab, der wiederkommen und seinem Volk die Erlösung und die versprochene Weltherrschaft bringen sollte. Wenn Moses dieser erste Messias war, dann ist Christus sein Ersatzmann und Nachfolger geworden, dann konnte auch Paulus mit einer gewissen historischen Berechtigung den Völkern zurufen: Sehet, der Messias ist wirklich gekommen, er ist ja vor Euren Augen hingemordet worden. Dann ist auch an der Auferstehung Christi ein Stück historischer Wahrheit, denn er war der wiedergekehrte Urvater der primitiven Horde, verklärt und als Sohn an die Stelle des Vaters gerückt. Das arme jüdische Volk, das mit gewohnter Hartnäckigkeit den Mord am Vater zu verleugnen fortfuhr, hat im Laufe der Zeiten schwer dafür gebüßt. Es wurde ihm immer wieder vorgehalten: Ihr habt unseren Gott getötet. Und dieser Vorwurf hat recht, wenn man ihn richtig übersetzt. Er lautet dann auf die Geschichte der Religionen bezogen: Ihr wollt nicht zugeben, daß Ihr Gott (das Urbild Gottes, den Urvater, und seine spätere Reinkarnationen) gemordet habt. Ein Zusatz sollte aussagen: Wir haben freilich dasselbe getan, aber wir haben es zugestanden, und wir sind seither entsühnt.«[46]

Liegt hier der Kern des Antisemitismus? Freud räumt sogleich ein, daß ein Phänomen von der Intensität und Dauerhaftigkeit des Judenhasses der Völker natürlich mehr als nur einen Grund haben müsse. Eine Ursache sei sicher ihre Landfremdheit, der übliche Fremdenhaß. Eine andere beruhe auf der Tatsache, daß Juden überall Minoritäten darstellen, und »das Gemeinschaftsgefühl der Massen braucht zu seiner Ergänzung die Feindseligkeit gegen eine außenstehende Minderzahl«.[47]

Ein weiteres Motiv vermutet Freud im von ihm so genannten Narzißmus der kleinen Differenzen. Freud dazu: »Ganz unverzeihlich sind aber zwei andere Eigenheiten der Juden. Erstens, daß sie in manchen Hinsichten verschieden sind von ihren ›Wirtsvölkern‹. Nicht grundverschieden, denn sie sind nicht fremdrassige Asiaten, wie die Feinde behaupten, sondern zumeist aus Resten der mediterranen Völker zusammengesetzt und Erben der Mittelmeerkultur. Aber sie sind doch anders, oft in undefinierbarer Art anders als zumal die nordischen Völker, und die Intoleranz der Massen äußert sich merkwürdigerweise gegen kleine Unterschiede stärker als gegen fundamentale Differenzen. Noch stärker wirkt der zweite Punkt, nämlich daß sie allen Bedrückungen trotzen, daß es den grausamsten Verfolgungen nicht gelungen ist, sie auszurotten, ja, daß sie vielmehr die Fähigkeit zeigen, sich im Erwerbsleben zu behaupten und, wo man sie zuläßt, wertvolle Beiträge zu allen kulturellen Leistungen zu machen.«[48]

Ein tieferes Motiv – so Freud – aber dürfte die Eifersucht auf das Volk sein, welches sich für das erstgeborene, bevorzugte Kind Gottvaters ausgab und -gibt. Ferner hat die Beschneidung einen unliebsamen, unheimlichen Eindruck gemacht, eine Sitte, die von Juden und Mohammedanern als Auszeichnung, von den Nichtbeschnittenen aber als das verstanden wird, was sie ja auch zweifellos ist, nämlich als eine symbolische Kastration, die Kastrationsängste weckt.

Schließlich, meint Freud, solle man nicht vergessen, wie sehr das Christentum mit seiner hohen und einschränkenden Ethik von vielen Menschen auch gehaßt wird. Dieser Haß aber fließe den Juden zu, von denen das Christentum ja gekommen ist. Alle Völker, die sich heute im Judenhaß hervortäten, seien erst in späthistorischen Zeiten Christen geworden, oft durch blutigen Zwang dazu getrieben. »Man könnte sagen, sie sind alle ›schlecht getauft‹, unter einer dünnen Tünche von Christentum sind sie geblieben, was ihre Ahnen waren, die einem barbarischen Polytheismus huldigten. Sie haben ihren Groll gegen die neue, ihnen aufgedrängte Religion nicht überwunden, aber sie haben ihn auf die Quelle verschoben, von der das Christentum zu ihnen kam... Ihr Judenhaß ist im Grunde Christenhaß, und man braucht sich nicht zu wundern, daß in der deutschen nationalsozialistischen Revolution diese innige Beziehung der zwei monotheistischen Religionen in der feindseligen Behandlung beider so deutlichen Ausdruck findet.«[49]

Gegen Freuds Interpretation der jüdischen Religionsgeschichte sind gewichtige Einwände geltend gemacht worden und geltend zu machen, nämlich historische und methodologische.

Die historischen Grundlagen der Moses-Geschichte haben sich nicht bestätigt. Ernst Sellin scheint der einzige Theologe geblieben zu sein, der die These vom Mord an Moses vertreten hat. Die Vermutung, Moses sei ein Ägypter gewesen, scheint zur Zeit der Entstehung des Buches auch andernorts diskutiert worden zu sein. Arnold Zweig, der damals in Palästina lebende Schriftsteller und Freund Freuds, erkundigte sich für ihn bei Fachgelehrten, die diese These ebenfalls vertraten. Sie wurde aber inzwischen längst fallengelassen.

Freud ist sich schon 1935 klar darüber, auf wie schwachen Füßen seine historischen Annahmen stehen. In dem Brief an Lou Andreas-Salomé räumt er ein, daß seine historischen Grundlagen nicht solide genug seien, um seine Folgerungen zu tragen. Den Untertitel *Ein historischer Roman* ließ er später zwar fallen, doch gab er seiner Unsicherheit in der »Vorbemerkung II« vom Juni 1938 in dem Bild Ausdruck: Diese Arbeit erscheine ihm »wie eine Tänzerin, die auf einer Zehenspitze balanciert«[50]. Im Buch selbst unterstreicht er, daß seine Folgerungen lediglich auf psychologischen Wahrscheinlichkeiten beruhten und eines objektiven Beweises entbehrten.[51]

Methodisch sind Freuds Ausführungen voller auffälliger Mängel, wie Ilse Grubrich-Simitis herausgestellt hat: »Wiederholungen lassen die Argumentation zirkulieren. Passagen, in denen sich der Autor hemmungslos von seinem spekulativen Gedankenflug und seiner Fabulierkunst fortreißen läßt, stehen unvermittelt neben spröd-präzisen Auseinandersetzungen mit den Auffassungen wissenschaftlicher Autoren. Doch wirkt dergleichen eher wie pflichtgemäßes akademisches Ritual, greift nicht, denn Freud läßt sich, auch wenn er abweichende Ansichten der Fachleute nicht zu entkräften vermag, keineswegs von seinen Lieblingsthesen abbringen, schmückt sie vielmehr mit suggestiven Schlußketten nur um so prächtiger aus. Assoziativ kann er vom Hundertsten ins Tausendste gelangen, und mitunter scheint der Faden abzureißen.«[52]

Inhaltlich ist die Schrift vieles zugleich: »Religionspsychologie, Bibelkritik, fiktive Umschrift eines Mythos, Geschichte der Freudschen Theoriebildung, Monographie über die Entstehung individueller und kollektiver Neurose, Rekapitulation der Kulturtheorie, Psychohistorie, politisches Traktat, metaphorische Selbstdarstellung ... Ich meine, daß man der Moses-Studie in ihrer spezifischen Befremdlichkeit näherkommt, wenn man sie als eine Art Tagtraum liest, zustande gekommen unter traumatischen Bedingungen extremer Not«, urteilt Grubrich-Simitis. Die extreme Not bestand einmal in der äußeren Bedrohung durch den Nationalsozialismus und den Antisemitismus, hinzu kam die innere Bedrohung durch das hohe Alter und sein Karzinom. »Worum es ihm in seinem letzten Buch vorrangig ging, war wohl wirklich die Erlangung phantasierter Wunscherfüllung, nämlich Beschwichtigung der zermürbenden Sorge um die Zukunft seines Lebenswerks. Die Bedrohung durch den Nazi-Terror bildete also den ›Anlaß der Gegenwart‹, der im fast Achtzigjährigen, wie ich vermute, jenes ausgedehnte Tagträumen evoziert hat. Mit dem Material der Vergangenheit, nämlich der vertrauten Thora-Lektüre seiner Kindheit, versuchte Freud, ein Zuversicht stiftendes Zukunftsbild zu entwerfen: Am Schicksal des Mannes Moses und des Monotheismus führte er sich vor Augen, wie eine unbequeme, anspruchsvolle Lehre auch dann nicht untergeht, wenn sie politisch verfolgt und unterdrückt wird, sondern – im Gegenteil – nach langem Intervall aus der Verdrängung wiederkehrt, ja, gerade durch diese Zweizeitigkeit erst ihre ganze Wirkungskraft entfaltet.«[53]

Heißt das, daß man Freuds letztes Werk wissenschaftlich, speziell religionspsychologisch ad acta legen kann? Ich meine nicht. Freuds Deutungen religiöser Phänomene stehen und fallen keineswegs mit der Annahme einer historischen Schuld; ja, die Annahme, es werde das in der Ontogenese jedes Menschen auftauchende Problem der Ambivalenz gegenüber dem Vater nur in eine mythologische Vergangenheit projiziert, leistet genau dasselbe. Wenn dies aber zutrifft, bleibt zumindest das, was Freud über Judentum und Christentum sowie über die Quellen und die Dynamik des Antisemitismus schreibt, weiterhin so aktuell und so bedenkenswert, wie es 1939 war.

Religion, eine Illusion?

Die bisher referierten religionskritischen Arbeiten Freuds bezogen sich auf religiöse Praktiken (zum Beispiel Riten, Rituale), auf umschriebene historische, aber bis in die Gegenwart hineinreichende Vorannahmen mancher religiöser Überzeugungen (zum Beispiel Animismus, Magie, Mana, Tabu) oder bestimmte, in vielen Religionen anzutreffende Glaubensinhalte (zum Beispiel Mord und Sühne). Freuds Kritik betraf also Glaubensäußerungen, nicht aber den Kern der Religiosität: die religiöse (mystische) Erfahrung, auf die sich die Glaubensüberzeugung gründet.

In den zwei Aufsätzen *Die Zukunft einer Illusion* ((1927) und *Über eine Weltanschauung* (1933; letztes Kapitel der *Neuen Folge der Vorlesungen zur Einführung in die Psychoanalyse*) geht es Freud nun um diesen Kern. Welcher Art sind religiöse Erfahrungen? Auf welche Fakten oder Wahrheiten stützt sich die religiöse Überzeugung? Und woher stammt die hohe emotionale Bedeutung, die Glaubensüberzeugungen charakteristischerweise anhaftet?

Freud nähert sich seinem Thema mit drei Vorfragen: Auf welche anthropologischen Grundfragen geben die Religionen eine Antwort? Welches sind die Elemente dieser Antwort? Woher bezieht die Antwort der Religionen ihre Überzeugungskraft? Dann geht er daran, die gefundenen Antworten kritisch zu sichten.

Freud entwirft zunächst ein Bild der existentiellen Situation, in der wir uns vorfinden. Wir wissen nicht um das Woher und das Wohin. Wir werden in eine Welt geboren, die voller Wunder, aber auch voller Gefahren ist, in der wir Hilfe angeboten bekommen, aber auch Zwängen unterworfen sind. »Da sind die Elemente, die jedem menschlichen Zwang zu spotten scheinen, die Erde, die bebt, zerreißt, alles Menschliche und Menschenwerk begräbt, das Wasser, das im Aufruhr alles überflutet und ersäuft, der Sturm, der es wegbläst, da sind die Krankheiten ...

endlich das schmerzliche Rätsel des Todes, gegen den bisher kein Kräutlein gefunden wurde und wahrscheinlich keines gefunden werden wird. Mit diesen Gewalten steht die Natur wider uns auf, großartig, grausam, unerbittlich, rückt uns wieder unsere Schwäche und Hilflosigkeit vor Augen, der wir uns durch die Kulturarbeit zu entziehen gedachten.«[54]

Unter Kultur versteht Freud »all das, worin sich das menschliche Leben über seine animalischen Bedingungen erhoben hat und worin es sich vom Leben der Tiere unterscheidet«. Die Kultur hat aber zwei Seiten. »Sie umfaßt einerseits all das Wissen und Können, das die Menschen erworben haben, um die Kräfte der Natur zu beherrschen und ihre Güter zur Befriedigung der menschlichen Bedürfnisse abzugewinnen, andererseits alle die Einrichtungen, die notwendig sind, um die Beziehungen der Menschen zueinander, und besonders die Verteilung der erreichbaren Güter zu regeln.«[55] So hilfreich die Kultur ist, sie erlegt dem Menschen auch Zwang und Triebverzicht auf, verlangt Arbeit und andere soziale Leistungen und schränkt seine Leidenschaften ein.

Ein Stück Entbehrung legt ihm also die Kultur auf, ein gewisses Maß an Leiden bereiten ihm die anderen Menschen, dazu kommen die Drohungen der unberechenbarenNatur. Die Folge müßte ein ständiger ängstlicher Erwartungszustand sein, verbunden mit einer fortwährenden Kränkung des Selbstgefühls. Der Mensch verlangt unter diesen Umständen nach Trost, nach Schutz vor den Schrecken des Lebens und nach einem Wissen über die Zusammenhänge, damit er das Leben bewältigen kann.

Hierzu bietet ihm die Kultur – und zwar bemerkenswerterweise in allen Gesellschaften in ähnlicher Weise – eine wichtige Hilfe an: die Religion. Tatsächlich ist die Religion ja ein Angebot der Gesellschaft, sie entsteht nicht durch das Nachdenken jedes einzelnen. Der einzelne übernimmt im allgemeinen dankbar die religiösen Vorstellungen, die die jeweilige Kultur in langer Tradition entwickelt hat. Die Religion ist eine »Weltanschauung von unvergleichlicher Folgerichtigkeit und Geschlossenheit«, die, »wiewohl erschüttert«, auch heute noch in der Lage ist, »die stärksten Emotionen der Menschen« zu binden.[56] Wie gelingt ihr das?

Jede Religion gibt den Menschen »Aufschluß über Herkunft und Entstehung der Welt, sie versichert ihnen Schutz und endliches Glück in den Wechselfällen des Lebens und sie lenkt ihre Gesinnungen und Handlungen durch Vorschriften, die sie mit ihrer ganzen Autorität vertritt«. Sie befriedigt also die menschliche Wißbegierde, sie beschwichtigt die Angst der Menschen vor den Gefahren des Lebens, und sie gibt ihnen Regeln und Ratschläge für ihr Verhalten.

Religion besteht stets aus Belehrung, Tröstung und Anforderungen. Wie diese drei Elemente zusammengehören, wird deutlicher, wenn man betrachtet, wie Religionen in der Regel beschaffen sind. Die religiösen Lehren besagen, »daß die Welt von einem menschenähnlichen, aber in allen Stücken, Macht, Weisheit, Stärke der Leidenschaft vergrößerten Wesen, einem idealisierten Übermenschen geschaffen wurde. Tiere als Weltschöpfer weisen auf den Einfluß des Totemismus hin ... Es ist interessant, daß dieser Weltschöpfer immer nur einer ist, auch wo an viele Götter geglaubt wird. Ebenso, daß es zumeist ein Mann ist, obwohl es keineswegs an Andeutungen weiblicher Gottheiten fehlt und manche Mythologien die Weltschöpfung gerade damit beginnen lassen, daß ein Manngott eine weibliche Gottheit, die zum Ungeheuer erniedrigt ist, beseitigt... Der weitere Weg ist uns leicht kenntlich gemacht, indem dieser Gott-Schöpfer direkt Vater geheißen wird. Die Psychoanalyse schließt, es ist wirklich der Vater, so großartig, wie er einmal dem kleinen Kind erschienen war. Der religiöse Mensch stellt sich die Schöpfung der Welt so vor wie seine eigene Entstehung.«[57]

Nun erklärt sich leicht, wie Trost und ethische Forderungen sich mit der Lehre von der Weltentstehung verbinden. »Denn dieselbe Person, der das Kind seine Existenz verdankt, der Vater (richtiger wohl, die aus Vater und Mutter zusammengesetzte Elterninstanz), hat auch das schwache, hilflose, allen in der Außenwelt lauernden Gefahren ausgesetzte Kind beschützt und bewacht; in seiner Obhut hat es sich sicher gefühlt. Selbst erwachsen geworden, weiß sich der Mensch zwar im Besitz größerer Kräfte, aber auch seine Einsicht in die Gefahren des Lebens hat zugenommen, und er schließt mit Recht, daß er im Grunde noch ebenso hilflos und ungeschützt geblieben ist wie in der Kindheit, daß er der Welt gegenüber noch immer Kind ist. Er mag also auch jetzt nicht auf den Schutz verzichten, den er als Kind genossen hat. Längst hat er aber auch erkannt, daß sein Vater ein in seiner Macht eng beschränktes, nicht mit allen Vorzügen ausgestattetes Wesen ist. Darum greift er auf das Erinnerungsbild des von ihm so überschätzten Vaters der Kinderzeit zurück, erhebt es zur Gottheit und rückt es in die Gegenwart und in die Realität. Die affektive Stärke dieses Erinnerungsbildes und die Fortdauer seiner Schutzbedürftigkeit tragen miteinander seinen Glauben an Gott«.

Die ethischen Forderungen fügen sich ungezwungen in die tröstlichen Erinnerungen an die Kindheitssituation ein. »Derselbe Vater (die Elterninstanz), der dem Kind das Leben gegeben und es vor den Gefahren desselben behütet hat, belehrte es auch, was es tun darf und was es unterlassen soll.«[58]

Religionen fesseln den Menschen also dadurch, daß sie Lebenshilfen in existentiellen Fragen anbieten. Es kommt aber ein Element hinzu, das die emotionale Bindung des Gläubigen an seine Religion noch besser erklärt als die Angebote von Belehrung, Trost und ethischer Anleitung. Dieses Element ist die Einbeziehung seiner Person und seiner Lebenserfahrung in den Schatz religiöser Vorstellungen und damit seine persönliche Erhebung und Erhöhung.

Stellt man diesen Schatz von Vorstellungen einmal idealtypisch zusammen, so ergibt sich etwa folgendes Bild: »das Leben in dieser Welt dient einem höheren Zweck, der zwar nicht leicht zu erraten ist, aber gewiß eine Vervollkommnung des menschlichen Wesens bedeutet. Wahrscheinlich soll das Geistige des Menschen, die Seele, die sich im Lauf der Zeiten so langsam und widerstrebend vom Körper getrennt hat, das

Objekt dieser Erhebung und Erhöhung sein. Alles, was in dieser Welt vor sich geht, ist Ausführung der Absichten einer uns überlegenen Intelligenz, die, wenn auch auf schwer zu verfolgenden Wegen und Umwegen, schließlich alles zum Guten, das heißt für uns Erfreulichen, lenkt. Über jedem von uns wacht eine gütige, nur scheinbar gestrenge Vorsehung, die nicht zuläßt, daß wir zum Spielball der überstarken und schonungslosen Naturkräfte werden; der Tod selbst ist keine Vernichtung, keine Rückkehr zum anorganischen Leblosen, sondern der Anfang einer neuen Art von Existenz, die auf dem Wege der Höherentwicklung liegt. Und nach der anderen Seite gewendet, dieselben Sittengesetze, die unsere Kulturen aufgestellt haben, beherrschen auch alles Weltgeschehen, nur werden sie von einer höchsten richterlichen Instanz mit ungleich mehr Macht und Konsequenz behütet. Alles Gute findet endlich seinen Lohn, alles Böse seine Strafe, wenn nicht schon in dieser Form des Lebens, so in den späteren Existenzen, die nach dem Tod beginnen. Somit sind alle Schrecken, Leiden und Härten des Lebens zur Austilgung bestimmt; das Leben nach dem Tode, das unser irdisches Leben fortsetzt, wie das unsichtbare Stück des Spektrums dem sichtbaren angefügt ist, bringt all die Vollendung, die wir hier vielleicht vermißt haben. Und die überlegene Weisheit, die diesen Ablauf lenkt, die Allgüte, die sich in ihm äußert, die Gerechtigkeit, die sich in ihm durchsetzt, das sind die Eigenschaften der göttlichen Wesen, die auch uns und die Welt im ganzen geschaffen haben. Oder vielmehr des einen göttlichen Wesens, zu dem sich in unserer Kultur alle Götter der Vorzeit verdichtet haben.«[59]

Diese Vorstellungen sind aber nicht nur Vorstellungen im Sinne von möglichen Sinndeutungen der Welt, nein, sie werden als Offenbarungen einer äußeren, wenn auch übernatürlichen Wirklichkeit interpretiert und verleihen dem Gläubigen damit zusätzliche Sicherheit und persönliche Bedeutsamkeit.

In früheren Zeiten, da die rationale Welterkenntnis noch in den Anfängen steckte, wurden diese Lehren ganz offenbar dankbar angenommen. Sie konnten auch nicht leicht bezweifelt werden. Diese Situation hat sich aber verändert. »Es scheint nicht zuzutreffen, daß es eine Macht im Weltall gibt, die mit elterlicher Sorgfalt über das Wohlergehen des Einzelnen wacht und alles, was ihn betrifft, zu glücklichem Ende leitet. Vielmehr sind die Schicksale der Menschen weder mit der Annahme der Weltgüte noch mit der – ihr zum Teil widersprechenden – einer Weltgerechtigkeit zu vereinen. Erdbeben, Sturmfluten, Feuersbrünste machen keinen Unterschied zwischen dem Guten und Frommen und dem Bösewicht oder dem Ungläubigen. Auch wo nicht die unbelebte Natur in Betracht kommt, und insoferne das Schicksal des einzelnen Menschen von seinen Beziehungen zu den anderen Menschen abhängt, ist es keineswegs die Regel, daß die Tugend belohnt wird und das Böse seine Strafe findet, sondern oft genug reißt der Gewalttätige, Schlaue, Rücksichtslose die beneideten Güter der Welt an sich und der Fromme geht leer aus. Dunkle, fühllose und lieblose Mächte bestimmen das menschliche Schicksal; das System von Belohnungen und Strafen, dem die Religion die Weltherrschaft zugeschrieben hat, scheint nicht zu existieren.«

Das, was Religion vorgibt zu können, kann sie nicht leisten. »Ihre Lehren tragen das Gepräge der Zeiten, in denen sie entstanden sind, der unwissenden Kinderzeiten der Menschheit. Ihre Tröstungen verdienen kein Vertrauen. Die Erfahrung lehrt uns: Die Welt ist keine Kinderstube. Die ethischen Forderungen, denen die Religion Nachdruck verleihen will, verlangen vielmehr eine andere Begründung, denn sie sind der menschlichen Gesellschaft unentbehrlich und es ist gefährlich, ihre Befolgung an die religiöse Gläubigkeit zu knüpfen. Versucht man, die Religion in den Entwicklungsgang der Menschheit einzureihen, so erscheint sie nicht als ein Dauererwerb, sondern als ein Gegenstück der Neurose, die der einzelne Kulturmensch auf seinem Weg von der Kindheit zur Reife durchzumachen hat.«[60]

Was den aufgeklärten Menschen der Neuzeit vor allem zum Widerspruch herausfordert, ist der Anspruch der Religionen, man müsse ihren Lehrsätzen einfach Glauben schenken.

»Wenn wir die Frage aufwerfen, worauf sich ihr Anspruch gründet, geglaubt zu werden, erhalten wir drei Antworten, die merkwürdig schlecht zusammenstimmen. Erstens, sie verdienen Glauben, weil schon unsere Urväter sie geglaubt haben, zweitens besitzen wir Beweise, die uns aus eben dieser Vorzeit überliefert sind, und drittens ist es überhaupt verboten, die Frage nach dieser Beglaubigung aufzuwerfen. Dies Unterfangen wurde früher mit den allerhärtesten Strafen belegt, und noch heute sieht es die Gesellschaft ungern, daß jemand es erneuert.«[61]

Besonders der dritte Punkt erregt stärkste Bedenken. Ein solches Frage- und Denkverbot kann doch nur ein Motiv haben, nämlich daß die Vertreter der religiösen Lehre die Unsicherheit ihres Anspruchs sehr wohl kennen. Wäre es anders, würden sie rasch überzeugende Argumente vorlegen. Was ist aber mit den beiden anderen Argumenten? Wieso sollen wir glauben, was unsere Urväter in grauer Vorzeit geglaubt und was sie in ihren Schriften niedergelegt und uns tradiert haben? Ihre Schriften sind widerspruchsvoll, überarbeitet und verfälscht. Wo sie von Beglaubigungen berichten, zum Beispiel von Wundern, sind diese Berichte wiederum unbeglaubigt. Unsere Ahnen waren doch gewiß weit unwissender als wir. Wieso sollen wir an die Dinge glauben, die sie vor Jahrhunderten oder Jahrtausenden geglaubt haben? Da heißt es nun, die Schriften seien aber von Gott inspiriert oder gar – wie bei den Moslems – Wort für Wort von Gott diktiert. Worauf stützt sich diese Behauptung? Sie ist selber ein Teil jener Lehren, und keine Behauptung kann sich ja selbst beweisen. »So kommen wir zu dem sonderbaren Ergebnis, daß gerade diejenigen Mitteilungen unseres Kulturbesitzes, die die größte Bedeutung für uns haben könnten, denen die Aufgabe zugeteilt ist, uns die Rätsel der Welt aufzuklären und uns mit den Leiden des Lebens zu versöhnen, daß gerade sie die allerschwächste Beglaubigung haben.«[62]

Gegen diese Einwände werden zwei Argumente geltend gemacht: Erstens sollten religiöse Überzeugungen gar nicht kritisch geprüft werden, denn sie seien ein so hoher, wertvoller und erhabener Kulturbesitz der Menschen, daß sie durch Zweifel nicht in Frage gestellt werden dürften; zweitens sei religiöse Erfahrung eine Erfahrung sui generis, die mit wissenschaftlichen Methoden, jedenfalls mit den derzeit verfügbaren wissenschaftlichen Methoden, nicht überprüft werden könne. Das erste Argument ist ein psychohygienisches Postulat, das zweite eine erkenntnistheoretische These.

Mit einem fiktiven Gesprächspartner setzt sich Freud 1927 über das psychohygienische Postulat auseinander. In langen Ausführungen argumentiert er gegen das in dieser Einstellung verborgene Denkverbot. Ein solches Denkverbot würde sich ja nicht nur auf Inhalte der religiösen Lehre beziehen, sondern sich auf andere Gebiete ausbreiten und unter Umständen die Ursache schwerer Hemmungen in der Lebensführung von Menschen werden. Ein solches Denkverbot sei eine weit größere Gefahr für die Zukunft der Menschheit als der Verlust der Religion. Zweifellos habe die Religion der menschlichen Kultur große Verdienste geleistet zur Bändigung der asozialen Triebe, aber doch nur begrenzt. Der Verlust der göttlichen Überhöhung der Moralvorstellungen hätte keineswegs ein moralisches Chaos zur Folge. Sobald der Mensch beginne zu rauben, zu morden und zu vergewaltigen, würde ihm und seinen Angehörigen ja dasselbe passieren, und er würde rasch erkennen, daß eine rationale Begründung der Moral notwendig und weit überzeugender sei als der Hinweis, im fünften Gebot verbiete Gott den Mord. Dann würde dieser Mensch auch bemerken, daß die Gesetze nicht da sind, um ihn zu beherrschen, sondern vielmehr, um seinen Interessen zu dienen.

Die religiöse Erziehung bestehe – außer in dem Verbot des Denkens – auch in der Verzögerung der sexuellen Entwicklung und in der Verfrühung des religiösen Einflusses. Sicher fühlten sich manche Menschen wohl in dieser kindlichen Welt. »Aber nicht war, der Infantilismus ist dazu bestimmt, überwunden zu werden? Der Mensch kann nicht ewig Kind bleiben, er muß endlich hinaus ins ›feindliche Leben‹. Man darf das ›die *Erzie-*

hung zur Realität‹ heißen.«[63] Die einzige Absicht seiner Schrift sei, auf die Notwendigkeit dieses Fortschritts aufmerksam zu machen.

Das zweite (erkenntnistheoretische) Argument beruft sich bekanntlich auf persönliche Erlebnisse, auf subjektive Eindrücke von hoher Überzeugungskraft, besonders gern auf Bekehrungserlebnisse und mystische Erfahrungen. Der von Freud häufig zitierte Satz Tertullians, »credo, quia absurdum«, stellt wohl die extremste Ausprägung dieser Erkenntnistheorie dar. Sie besagt, daß die religiösen Lehren (hier des Christentums) sich den Ansprüchen der Vernunft entziehen, über der Vernunft stehen, ja gerade deswegen glaubhaft sind, weil sie der Vernunft widersprechen.

Auch eine Erfahrung sui generis muß sich aber fragen lassen, mit welcher Wirklichkeit das Individuum denn seine Erfahrungen macht: mit extrapsychischer oder intrapsychischer? Die starke Betonung der Subjektivität läßt den Verdacht aufkommen, daß intrapsychische Vorstellungen in die extrapsychische Wirklichkeit hineingedeutet werden. In diesem Fall aber lägen Illusionen vor.

Freud räumt ein, daß Illusionen zufällig einer äußeren Wirklichkeit entsprechen könnten. Er vermeidet zu behaupten, mystische Erfahrungen seien nichts als Illusionen oder projizierte Träume. Er betont: »Es liegt nicht im Plane dieser Untersuchung, zum Wahrheitswert der religiösen Lehren Stellung zu nehmen. Es genügt uns, sie in ihrer psychologischen Natur als Illusionen erkannt zu haben.« Er läßt jedoch durchblicken, daß ein Zusammentreffen von Illusion und äußerer Realität schon sehr unwahrscheinlich sei. Auch wenn Illusionen nicht notwendig Irrtümer sein müssen, sind sie doch höchst anfällig für Irrtümer. Das beruht darauf, daß sich in ihrer Motivierung der Wunschcharakter und die Wunscherfüllung sehr in den Vordergrund drängen können und daß auf kritische Überprüfung gern und leicht verzichtet wird. Und da wäre es schon »sehr auffällig«, wenn »alles so ist, wie wir es uns wünschen müssen«.[64]

Woher stammt also, um zu den Ausgangsfragen zurückzukehren, die hohe emotionale Bedeutung religiösen Erlebens, woher die Überzeugungskraft religiöser Lehren? Freud: »Ich meine, wir haben die Antwort auf beide Fragen genügend vorbereitet. Sie ergibt sich, wenn wir die psychische Genese der religiösen Vorstellungen ins Auge fassen. Diese, die sich als Lehrsätze ausgeben, sind nicht Niederschläge der Erfahrungen oder Endresultate des Denkens, es sind Illusionen, Erfüllungen der ältesten, stärksten, dringendsten Wünsche der Menschheit; das Geheimnis ihrer Stärke ist die Stärke dieser Wünsche.«[65] Das zusammenfassende Urteil der Wissenschaft über die religiöse Weltanschauung laute also: »Während die einzelnen Religionen miteinander hadern, welche von ihnen im Besitz der Wahrheit sei, meinen wir, daß der Wahrheitsgehalt der Religion überhaupt vernachlässigt werden darf. Religion ist ein Versuch, die Sinneswelt, in die wir gestellt sind, mittels der Wunschwelt zu bewältigen, die wir infolge biologischer und psychologischer Notwendigkeiten in uns entwickelt haben.«[66]

Sind aber die religiösen Lehren Illusionen, unbeweisbar, wenn auch unwiderlegbar, darf niemand gezwungen werden, sie für wahr zu halten. Natürlich darf auch niemand zum Unglauben gezwungen werden, aber der Gläubige darf nicht behaupten, daß er mit seinem Glauben den Weg des korrekten Denkens geht.

Sowohl 1927 wie auch 1933 versucht Freud, ein gewichtiges Gegenargument der Theologen vorwegzunehmen. Er schreibt: »Die Anhänger der religiösen Weltanschauung handeln nach dem alten Satz: Die beste Verteidigung ist der Angriff. Sie fragen: Wer ist denn diese Wissenschaft, die sich anmaßt, unsere Religion zu entwerten, die Millionen von Menschen durch lange Jahrtausende Heil und Trost gespendet hat? Was hat sie ihrerseits bereits geleistet? ... Alles, was sie lehrt, gilt nur vorläufig; was man heute als höchste Weisheit anpreist, wird morgen verworfen und wiederum nur probeweise durch anderes ersetzt. Der letzte Irrtum heißt dann Wahrheit. Und dieser Wahrheit sollen wir unser höchstes Gut zum Opfer bringen!«[67]

Und wenn Religion eine Illusion sein sollte: Hat Freud nicht eine erpobte und wertvolle Illusion durch eine andere Illusion angegriffen und ersetzt? Ist nicht die Wahrheit der wissenschaftlichen Erkenntnis nicht nur bescheiden, vorläufig und irrtumsanfällig, sondern auch ihrerseits illusionär?

Auf diese – mit Recht – erwarteten Entgegnungen antwortet Freud, worauf Theologen immer wieder hinweisen, mit geradezu religiös zu nennender Leidenschaftlichkeit und mit religiösen Metaphern: »Sie sollen mich nicht für Ihre Kritik unzugänglich finden. Ich weiß, wie schwer es ist, Illusionen zu vermeiden; vielleicht sind auch die Hoffnungen, zu denen ich mich bekannt, illusorischer Natur. Aber einen Unterschied halte ich fest. Meine Illusionen – abgesehen davon, daß keine Strafe darauf steht, sie nicht zu teilen – sind nicht unkorrigierbar wie die religiösen, haben nicht den wahnhaften Charakter. Wenn die Erfahrung – nicht mir, sondern anderen nach mir, die ebenso denken – zeigen sollte, daß wir uns geirrt haben, so werden wir auf unsere Erwartungen verzichten.«[68]

»Da wir bereit sind, auf ein gutes Stück unserer infantilen Wünsche zu verzichten, können wir es vertragen, wenn sich einige unserer Erwartungen als Illusionen herausstellen… Unser Gott Logos wird von diesen Wünschen verwirklichen, was die Natur außer uns gestattet, aber sehr allmählich, erst in unabsehbarer Zukunft und für neue Menschenkinder, … auf die Dauer kann der Vernunft und der Erfahrung nichts wiederstehen, und der Widerspruch der Religion gegen beide ist allzu greifbar.«[69]

»Wir mögen noch so oft betonen, der menschliche Intellekt sei kraftlos im Vergleich zum menschlichen Triebleben, und recht damit haben. Aber es ist doch etwas Besonderes um diese Schwäche; die Stimme des Intellekts ist leise, aber sie ruht nicht, ehe sie sich Gehör geschafft hat. Am Ende, nach unzählig oft wiederholten Abweisungen, findet sie es doch.«[70]

Kommentar

Freuds Illusionsthese ist meines Erachtens sein stärkstes religionskritisches Argument. Ihrem erkenntnistheoretischen Ansatz, aber auch ihrem psychologischen Inhalt nach ähnelt sie der Projektionsthese Feuerbachs (1841). Sie wird nur anders, nämlich tiefenpsychologisch, begründet.

Einwände erlauben jedoch Freuds Beschränkung der illusionsbildenden Wünsche auf die »Vatersehnsucht«, vor allem aber seine erkenntnistheoretische Geringschätzung der Illusion. Auf diese Einwände werde ich im dritten Teil dieser Abhandlung ausführlich eingehen.

II Die theologische Gegenkritik

Freuds Religionskritik, eine verkappte Theologie?

Die Angriffe Freuds auf Glaubensäußerungen, Glaubensinhalte und auf den Glauben selbst provozierten bald heftige und vielstimmige Reaktionen von Theologen. Joachim Scharfenberg zählt allein bis 1980 für die Theologie im deutschsprachigen Raum 278 Publikationen.[71] Die Stellungnahmen waren großenteils »durch eine extrem affektive Einstellung charakterisiert. Nur im Ausnahmefall kommt es zu einer um Objektivität bemühten kritischen Auseinandersetzung. Die Gründe für diese Einstellung ... [liegen wohl] in einem Gefühl des Bedrohtseins durch die emanzipatorisch-aufklärerischen Impulse, die von der Psychoanalyse ausgingen«.[72] Man erkannte die Psychoanalyse mit einigen Abwandlungen oder Abstrichen allenfalls als Methode der Krankenbehandlung an, lehnte aber die Argumentation Freuds zur Religion beziehungsweise Religiosität als völlig indiskutabel ab. »So wurde Freud in den Bereich der therapeutischen Methodik abgedrängt, und die philosophische oder gar theologische Relevanz seiner Gedankengänge blieb jahrzehntelang unentdeckt.«[73]

Eine ernst zu nehmende Auseinandersetzung mit der Freudschen Religionskritik erfolgte von seiten der Theologie vor dem Zweiten Weltkrieg nur durch Oskar Pfister (1928), nach 1945 zunächst von amerikanischen, dann auch von europäischen Theologen. Ich habe eine Vielzahl dieser Arbeiten gelesen und meine Lektüre durch weitere, insbesondere jüngere Publikationen aus der deutschen, englischen und französischen Literatur ergänzt. Dabei fand ich drei Formen der Auseinandersetzung mit Freud: erstens die schon erwähnten affektiv geladenen Proteste, deren Dürftigkeit in der Sache nicht selten geradezu peinlich wirkt; zweitens sachlich zutreffende Darstellungen der Freudschen Positionen, aus denen aber entweder keine oder nur umschriebene Konsequenzen gezogen werden;[74] drittens aber auch Publikationen, die sich ernsthaft um Freuds Persönlichkeit und seine

Argumente bemühen. Mit ihnen ist eine wissenschaftliche Auseinandersetzung möglich und reizvoll. Solche Publikationen habe ich ausgewählt, um an ihnen die theologische Gegenkritik zu exemplifizieren.[75]

Einer der ersten deutschen Theologen, der die Bemühungen amerikanischer Theologen aufnahm und weiterführte, ist Johannes Schreiber (1967). Dieser Autor macht den Versuch, der Frage nachzugehen, was hinter Freuds Polemik eigentlich sein Anliegen war. Er kommt zu dem überraschenden Ergebnis, dieses Anliegen sei ein theologisches, ja Freud sei ein »Theologe im Laienstand«. Schreiber übernimmt mit dieser Einschätzung ein Urteil Pfisters. Der Züricher Pfarrer, ein enthusiastischer Anhänger der Psychoanalyse und Bewunderer Freuds,[76] hatte in dem in Briefform verfaßten Vorwort seiner Entgegnung zu Freuds *Zukunft einer Illusion* geschrieben: »Ich hege den bestimmten Verdacht gegen Sie, daß Sie die Religion bekämpfen – aus Religion ... Wer wie Sie für die Wahrheit kämpfte und so heldenmütig um die Erlösung der Liebe stritt, der ist nun eben, ob er es an der Rede haben will oder nicht, nach evangelischem Maßstab ein treuer Diener Gottes.«[77]

Schreiber läßt weithin Freud selbst zu Wort kommen. »Denn erst wenn man die von ihm entdeckten Tatbestände und seine mit diesen Entdeckungen zusammenhängenden Gedankengänge in kritischer Würdigung ernst nimmt, läßt sich ermessen, welche Bedeutung sie für die praktische Theologie und darüber hinaus für die Theologie überhaupt haben.«[78]

Zunächst sucht Schreiber zu klären, was Freud unter Religion versteht. Er findet dazu verschiedene Aussagen. Pfister gegenüber gab Freud folgende Definition: Die »frommen Illusionen von Vorsehung und sittlicher Weltordnung, die der Vernunft widersprechen«, machten das Wesen der religiösen Weltanschauung aus.[79] In *Das Unbehagen in der Kultur* führt Freud aus, die »Vorsehung kann der gemeine Mann sich nicht anders als in der Person eines großartig erhöhten Vaters vorstellen. Nur ein solcher kann die Bedürfnisse des Menschenkindes kennen, durch seine Bitten erweicht, durch die Zeichen seiner Reue beschwichtigt werden. Das Ganze ist so offenkundig infantil, so wirklichkeitsfremd, daß es einer menschenfreundlichen Gesinnung schmerzlich wird zu denken, die große Mehrheit der Sterblichen werde sich niemals über diese Auffassung des Lebens erheben können.«[80] Freud kämpft also in seiner Religionskritik gegen die »gewaltsame Fixierung eines psychischen Infantilismus«, die in der Religion allenthalben praktiziert werde und so »das Bild der realen Welt wahnhaft« entstelle.[81]

Im Gegensatz zu dieser Art Religion, die wesentlich durch weltflüchtige Jenseitshoffnungen bestimmt ist, geht es Freud um die Erziehung zur Realität, darum, daß die Menschen mündig werden, daß sie sich ihre Hilflosigkeit, ihre Geringfügigkeit im Getriebe der Welt eingestehen, daß der Mensch seine Erwartungen vom Jenseits abzieht und alle frei gewordenen Kräfte auf das irdische Leben konzentriert. Weil für Freud die Religion ein Versuch ist, »die Sinneswelt, in die wir gestellt sind, mittels der Wunschwelt zu bewältigen, die wir infolge biologischer und psychologischer Notwendigkeiten in uns entwikkelt haben«,[82] kommt es ihm darauf an, die veralteten Vorstellungen der Wunschwelt zu reduzieren, damit der Mensch in der Sinneswelt besser bestehe und eine Chance zum Überleben habe. Entsprechend bekämpft Freud die illusionären Vorstellungen in den Religionen. »Die Wahrheiten, welche die religiösen Lehren enthalten, sind doch so entstellt und systematisch verkleidet, daß die Masse der Menschen sie nicht als Wahrheit erkennen kann.«[83]

Nehme man diese Formulierungen ernst, so Schreiber, dann verfolge Freuds Religionskritik indirekt das Ziel, die in den religiösen Lehren enthaltene Wahrheit verständlich zur Geltung zu bringen. Zwar betone Freud, daß die Psychologie nicht »zum Wahrheitswert der religiösen Lehren Stellung nehmen«[84] kann, er wolle aber das offensichtlich Illusionäre dieser religiösen Lehren als solches kennzeichnen und die schon in der frühen Kindheit durch die religiöse Erziehung bedingte »Einschüchterung der Intelligenz«[85] aufheben, um eine nüchterne Bewältigung des Lebens zu ermöglichen.

Schreiber fragt nun: »Ist dies nicht aber auch ein selbstverständliches Ziel christlicher Verkündigung und Erziehung? Hat man als Christ deshalb nicht dankbar zu sein für den Abbau aller religiösen Vorstellungen, die der Erreichung dieses Zieles entgegenstehen?«[86] Tatsächlich sei Freuds Religionskritik mit dem historisch-kritisch orientierten Programm der Entmythologisierung Rudolf Bultmanns zu vergleichen. Freud wie Bultmann gehe es ja um das hilfreiche Verstehen. Freud bediene sich seiner historischen und vor allem seiner psychologischen Kenntnisse, um dem in und an seiner Kultur leidenden Mitmenschen zu helfen. Diese Absicht allerdings führe dazu, die gängigen religiösen Vorstellungen weithin zu eliminieren.

Der sittliche Ernst, mit dem Freud an die Seite des von religiösen Vorstellungen und Mächten versklavten Menschen tritt, um ihn zum Leben zu befreien, erinnert Schreiber an das Auftreten Jesu und an Luther. »Sicher ist jedenfalls, daß der Religionskritiker Freud nicht aus purer Lust an der Negation kritisierte. Und noch eindeutiger steht fest, daß er nichts mit jenen zu tun haben wollte, die die Religion kritisieren und interpretieren, um schließlich alles beim Alten zu lassen.«[87] Freud geißele die Unaufrichtigkeiten und intellektuellen Unarten nicht nur der Theologen, sondern auch der Philosophen, die nach seiner Meinung die Bedeutung von Worten überdehnten, bis sie kaum etwas von ihrem ursprünglichen Sinn übrigbehielten und dann zu einer verschwommenen Abstraktion kämen, die sie Gott nennen. Diesen Weg findet Freud tatsächlich frevelhaft. »Dafür sind diese Fragen zu bedeutungsvoll, man möchte sagen: zu heilig.«[88] Darum möchte er »sich in die Reihen der Gläubigen mengen, um den Philosophen, die den Gott der Religion zu retten glauben, indem sie ihn durch ein unpersönliches, schattenhaft abstraktes Prinzip ersetzen, die Mahnung vorzuhalten: Du sollst den Namen des Herrn nicht zum Eitlen anrufen!«[89]

Schreiber schließt: Der Mann, der sich wiederholt als gottlosen Juden, als Ungläubigen, als jemanden, der ohne Religion erzogen wurde, charakterisierte, wehre sich also energisch gegen eine Verwässerung der religiösen Lehren beziehungsweise der Religiosität. Er werde zum Anwalt des gemeinen Mannes, der einen Anspruch darauf hat, die wahre Religion zu kennen und verstehen zu lernen, zum »Propheten, der das Gebot Gottes einschärft«.[90]

Schreiber setzt sich dann mit Freuds aufklärerischem Vernunftsbegriff auseinander, mit Sätzen wie: »Es gibt keine Instanz über der Vernunft.«[91] Oder: »Wir glauben daran, daß es der wissenschaftlichen Arbeit möglich ist, etwas über die Realität der Welt zu erfahren, wodurch wir unsere Macht steigern und wonach wir unser Leben einrichten können.«[92] Schreiber kommt zu dem Ergebnis: Freuds Problem war nicht, daß er blind an die Vernunft glaubte. In realistischer Einschätzung der Gegebenheiten hielt er die Wissenschaft für sehr jung und entsprechend für entwicklungsbedürftig. Angesichts der schwierigen von ihm behandelten Probleme gebärdete er sich nicht als erleuchteter Genius, sondern schrieb: »So sinkt mir der Mut, vor meinen Mitmenschen als Prophet aufzustehen, und ich beuge mich ihrem Vorwurf, daß ich ihnen keinen Trost zu bringen weiß.«[93] Schreiber dazu: »Die Vernunft, die in der Psychoanalyse einen ihrer bescheidenen Triumphe feiern durfte, war für den Schöpfer der Psychoanalyse keine Göttin, sondern nur so unentbehrlich wie das Messer für den Chirurgen. Deshalb verteidigte er sie energisch und erhoffte von ihr entscheidende Hilfe. Aber woher nahm Freud den Mut, dieses Messer so einschneidend zu handhaben, wenn er schließlich doch eingestehen mußte, keinen Trost geben zu können?«[94] Das führt Schreiber zu der Frage nach den Motiven für Freuds Religionskritik.

In *Die Zukunft einer Illusion* gibt Freud in der Diskussion mit dem fiktiven Gegner und Verteidiger der Religion der Vermutung Ausdruck, »daß unsere Gegnerschaft nur eine einstweilige ist... Wir erhoffen dasselbe«, nämlich »Menschenliebe und die Einschränkung des Leidens«.[95] In solchen Formulierungen klinge das Hauptmotiv aller Freudscher Religionskritik an: Seiner Meinung nach verhindert die Religion in ihrem infantilen Wunschdenken, ihrer Entstellung der Wirklichkeit und ihren Denkverboten gerade das, was – wie Schreiber meint – die christliche Religion doch ursprünglich unbedingt und eigentlich bewirken wollte: die tatkräftige Nächstenliebe.

Obwohl Freud die Forderung der Bibel nach Nächstenliebe und gar Feindesliebe als psychologisch unmöglich bezeichnete, bekennt er sich in einem Brief an Romain Rolland ausdrücklich dazu. Er schreibt: »Der Menschenliebe hing ich selbst an, nicht aus Motiven der Sentimentalität oder der Idealforderung, sondern aus nüchternen, ökonomischen Gründen, weil ich sie, bei der Gegebenheit unserer Triebanlagen und unserer Umwelt, für die Erhaltung der Menschenart für ebenso unerläßlich erklären mußte wie etwa die Technik.«[96]

Schreiber meint, dieser Satz sei »reinster und bester Freud! Einmal deshalb, weil hier keine religiös-affektive Verkündigung, sondern eine rationale Begründung der Nächstenliebe gegeben wird. Zum anderen aber auch deshalb, weil diese Sätze kein leeres Gerede sind.«[97]

Auf der Suche nach Freuds Religion, nach seinem Glauben, greift Schreiber die Betrachtung Freuds über den Moses des Michelangelo auf. Mit Recht nennt er Freuds Betrachtung »eine Art Selbstbekenntnis«. In ihr schildere Freud sein Innerstes, halb Gesindel, halb Moses, in ständigem Kampf mit sich selbst. »Er, der auf seinem schweren Lebensweg gewiß so trostbedürftig war, wie nur irgendein Mensch, kannte die Versuchung, sich dem Götzendienst des illusionären Wunschdenkens hinzugeben und vermied es deshalb bis in seine privaten Briefe hinein. Er sah an seinen abgefallenen Schülern Adler und Jung, wie vorteilhaft es war, anstößige Einsichten zu kaschieren, Mythologie und Illusionen zu pflegen und sich dem Wunschdenken der Gesellschaft anzupassen. Aber so bequem und verlockend dieser Weg war, Freud ging ihn nicht. Während andere Beifall ernteten, blieb er, entgegen allem Widerspruch und in stetem Kampf mit sich selbst, seiner mühsam erkannten Überzeugung treu. Während andere ihren glitzernden Wunschphantasien, diesen Götzenbildern, im Chor mit der Menge zujubelten, blieb ihm nichts anderes, als das

Warten und Vertrauen.« »Worauf vertraute Freud? Etwa auf die Menschenliebe? Nein, gewiß nicht; denn er kannte das Gesindel, er kannte sich selbst. Vertraute er der Vernunft? Nein, auch das gewiß nicht; denn er sah ... in seinem eigenen Felde diese Vernunft wie ein Glühwürmchen, das in der Finsternis hin- und herfährt und einmal dieses und einmal jenes ein wenig beleuchtet; doch die Finsternis und die angeborene Neigung des Menschen zum Bösen, sie bleiben.«[98]

Freuds moralischer Mut, behauptet Schreiber, dieses aktive Vertrauen, das ihm sein Lebenswerk ermöglichte, könne nicht weiter begründet werden. Freud selbst hätte sicher auf seine Erbanlagen, sein Elternhaus und seine gute Beziehung zu seiner Mutter verwiesen. Eine letzte Begründung für sein Vertrauen werde man aber schwerlich nachweisen können. Seine Erfahrung gegenüber Michelangelos Mosesfigur hätte Freud als das intimste Geheimnis seines Lebens zunächst anonym veröffentlicht. Später hätte er es zwar aufgedeckt, er wollte es aber nicht analysieren noch analysieren lassen, sondern nur bekennen. Diese Erfahrung beschließe das unbegründbare, durch keine Analyse zu ergründende Geheimnis seines Lebens.

Worauf stützt Schreiber seine Behauptungen? Welche anthropologische Theorie verfolgt er? Er zitiert Gerhard Ebeling, nach dem zum Glauben »das Aushalten der radikal gestellten Frage nach dem Grund der Existenz« gehöre, was dem »Mut zur Existenz« Zukunft gebe. In diesem Sinne müsse man Freud als Glaubenden ansprechen. Freuds Frömmigkeit sei nicht nur Schicksalsergebenheit und illusionslose Anpassung an die Realität, wie er selber meinte. Das »Zentrum seiner Frömmigkeit, der unbedingte Mut zur Wahrheit, Liebe und Gerechtigkeit kommt bei dieser Sicht zu kurz: der Moses des Michelangelo paßt sich zwar – nach Freud – der Realität an, er bezwingt seinen Zorn; aber nur, um eine Mission zu erfüllen. Mit anderen Worten: nach Freud ist die Realität durch Liebe zu verändern ... allein unter diesem Aspekt ist Anpassung an die Realität nicht nur erlaubt, sondern sogar unbedingt geboten und als höchste Leistung der Hoffnung und des Glaubens im Namen der Liebe zu werten.«[99]

Freud sehe sich in der Nachfolge des ägyptischen Moses, der Propheten, von Jesus und Paulus. Es stehe fest, daß der Jude Freud sich selbst und seinen Mitmenschen gemäß der Botschaft des ägyptischen Moses ein Leben in Wahrheit und Gerechtigkeit zum höchsten Ziel setzte. Freuds von ihm selbst bezeugte Armut im Glauben[100] bestehe also darin, daß er über ein höchstes Wesen keine Aussagen machen könne, weil er die Voraussetzungen einer naiven Gläubigkeit nicht anzunehmen vermöge. Aber selbst diese Voraussetzungen mitsamt ihren so unerschütterlich festgelegten Vorstellungen und kindlich einfachen Annahmen lehne Freud ja nicht kurzweg ab. Vielmehr versuche er, sie zu verstehen.

Die Gottesvorstellung des Echnaton, die Idee des universellen und einzigen Gottes Aton, der im Symbol der strahlenden Sonnenscheibe dargestellt und in einem Preislied auf die Sonne inbrünstig als lebenserhaltende Macht besungen wird, beschreibe Freud mit größter Sympathie. Er bewundere die hohe Geistigkeit der Aton-Religion, die alles Mythische, Magische und Zauberische ausschloß und auf die Illusion eines Lebens nach dem Tod verzichtete. Natürlich stimmte – so Schreiber – Freud der Gottesvorstellung seines Echnaton nicht zu, er brachte ihr nur Sympathie entgegen, während er die mit dem »Credo, quia absurdum« verbundenen Vorstellungen radikal ablehnte.

Freud sehe die religiösen Vorstellungen und insbesondere die Gottesvorstellungen funktional-geschichtlich: Sie dienen der Menschenliebe. Sie sind von daher wandelbar und nicht heilig im Sinne von starr. Sie sollten nicht unmenschlich, das Leben zerstörend sein, sondern der Realität angemessen und insofern förderlich.

Schreiber ist der Ansicht, daß diese funktional-geschichtliche Sicht der religiösen Terminologie und Vorstellungswelt dem entspreche, was die Bibel lehrt. »Nicht wer Herr, Herr sagt, kommt in den Himmel, sondern wer Gottes Willen tut (Matthäus 7, 21). Nicht formale Sabbatfrömmigkeit, sondern Gutes zu tun und Leben zu erhalten, fordert Jesus im Namen Gottes (Markus 3, 4). Und wer die Liebe bejaht, ist nicht fern vom Reiche Gottes (Markus 12, 34). Funktional-geschichtlich benutzte die Urchristenheit die religiösen Vorstellungen, wenn sie Jesu Bedeutung je nach der Verkündigungssituation mit verschiedenen Würdeprädikaten zum Ausdruck brachte oder wenn, um ein anderes Beispiel zu nennen, die Evangelisten die Gemeindetradition vom Leben Jesu in sehr verschiedener Weise redigierten. Von der Schrift her muß deshalb, wenn Situation und Sache es erfordern, grundsätzlich auch erlaubt sein, wie Freud auf jede konkrete Gottesvorstellung zu verzichten, um dennoch, nein, um so erst wirklich zu glauben. Denn glauben heißt ja zuletzt nicht dies oder jenes sich vorstellen, sondern bedingungslos auf Gottes Willen in Jesus, das heißt, auf das Leben, die Liebe, die Wahrheit und Gerechtigkeit warten, vertrauen und hoffen und demgemäß handeln, auch wenn man in und um sich nur Tod, Haß, Lüge und Ungerechtigkeit zu sehen vermag. Solcher Glaube ist wahrhaft evangelisch, denn er ist reines, lauteres Gottvertrauen«.

»Freud hat so unter Anfechtungen und Irrungen gelebt und gearbeitet. Durch Herkunft, Erziehung, Umwelt und wissenschaftliche Erkenntnis an das Kreuz einer Wirklichkeit genagelt, die jegliche Gottesvorstellung ausschloß, blieb er in aller Skepsis der auf das Leben und die Menschenliebe Vertrauende und erfuhr damit in seiner Situation den Sinn des sieghaften Wortes Markus 15, 34 [Mein Gott, mein Gott, warum hast Du mich verlassen?]: Gott verließ ihn, so daß ihm selbst jede Gottesvorstellung abhanden kam; aber er, Freud, hielt dennoch vertrauensvoll an Menschenliebe, Wahrheit und Rechtssinn fest und sprach damit das Gottes Gegenwart bezeugende ›Mein Gott, mein Gott‹ Jesu nach ... Freuds Gott ist ... Liebe, und wer in der Liebe bleibt, der bleibt in Gott und Gott bleibt in ihm (1. Joh. 4, 16).«[101]

Gehört demnach Freud »zu der Kirche außerhalb der Kirche«?[102] Schreiber meint, man könne diese Zuordnung vornehmen, weil Freud sich keiner kirchlichen Organisation zugehörig fühlte, auch sonst keinerlei religiöse Bindungen einging und dennoch in der Haltung des Glaubens, der Liebe und der Hoffnung wahrhaft und gerecht zu leben versuchte. »Darüber hinaus wäre diese Zuordnung auch deshalb erlaubt, weil er als Theologe im Laienstand die von Dietrich Bonhoeffer geforderte nicht-religiöse Interpretation des Evangeliums in einer medizinisch-psychologischen Sprache (und damit für den Theologen äußerst fragwürdig!) vorweggenommen hat, indem er in seiner ›Triebsemantik‹ die religiöse Terminologie auf ihre affektiven und historischen Wurzeln und ihre gegenwärtige Funktion hin analysierte, was einer Elimination dieser Terminologie gleichkam und dahin führte, daß nun primär nicht mehr Affekte, sondern rationale Argumente jedes Vertrauen aktivieren, das gegen allen Augenschein Wahrheit und Liebe und damit Leben im Sinn des Evangeliums ermöglicht.«[103]

Kommentar

Freud als *anima naturaliter christiana?* Verblüffend, wenn auch sympathisch, ist diese Interpretation. Freud wie Jesus von Gott verlassen und doch voller »sieghaften« Gottvertrauens? Der polemische Atheist als »Prophet, der das Gebot Gottes einschärft«, Gottes Namen vor den Philosophen und Theologen heilig hält? Worauf stützt Schreiber diese Kanonisierung? Auf Freuds Treue zu sich und seiner Überzeugung, auf sein Vertrauen auf die Vernunft trotz der Bescheidenheit und Vorläufigkeit ihrer Erkenntnisse, auf seine Liebe zu den Menschen, auf seine hohe Ethik und seine Überzeugung, eine Mission erfüllen zu müssen.

Sind das aber »unbegründbare, durch keine Analyse zu ergründende Geheimnisse seines Lebens«? Schreiber vermutet hinter diesen Geheimnissen offensichtlich religiös begründete Tugenden. Wenn Freud aber von der Ergebenheit in das Schicksal, von der Göttin Ananke und der illusionslosen

Anpassung an die Realität spricht, kann man das einfach uminterpretieren in »das Aushalten der radikal gestellten Frage nach dem Grund der Existenz« und daraus »Mut zur Existenz«, »Frömmigkeit« und die »höchste Leistung der Hoffnung und des Glaubens im Namen der Liebe« folgern?

Wenn die Psychoanalyse und die Religionen das gemeinsame Ziel haben, »Gutes zu tun und Leben zu erhalten und die Liebe zu bejahen«, mag der Theologe feststellen, daß beide »nicht fern vom Reiche Gottes« sind. Sind ihre Motive aber wirklich so ähnlich, ja fast identisch? Werden nicht humanistische und christliche Ideale einfach über einen Kamm geschoren, wenn »auf das Leben, die Liebe, die Wahrheit und Gerechtigkeit warten, vertrauen, hoffen und demgemäß handeln« gleichgesetzt wird mit »reinem, lauterem Gottvertrauen«? Ich denke, Freud würde sich wehren gegen diese Vermischung von horizontaler und vertikaler Dimension, von Selbst- und Nächstenliebe einerseits und der Gottesliebe andererseits, es sei denn, man könnte sich darauf einigen, daß Gottesliebe nur eine Metapher für Menschenliebe sei. Dann müßte man es sagen. Aber hätte man es dann noch mit Religiosität zu tun?

Freuds Religionskritik, Ausdruck eines neurotischen Problems?

Eine naheliegende Frage, nämlich die nach der Persönlichkeit Freuds, wurde von der theologischen Gegenkritik – jedenfalls in seriöser Weise – erst relativ spät gestellt. Wer ist dieser Mann, der die heiligsten Güter unserer Religionen so respektlos behandelt; der von tiefreligiösen Erfahrungen behauptet, sie seien als Illusionen hinreichend zu erklären; der die intensiven Gefühle, die seit Jahrtausenden die Menschen mit religiösen Überzeugungen verbinden, jeder Transzendenz entkleiden und sie der psychischen Entwicklungsgeschichte des einzelnen beziehungsweise der Menschheit und ihren »ältesten, stärksten, dringendsten Wünschen«[104] zuordnen will?

Im Herbst 1927 schrieb Freud einem amerikanischen Arzt, der ihm von seinem Bekehrungserlebnis berichtet hatte, für ihn habe Gott nicht soviel getan, er habe ihn nie eine innere Stimme hören lassen, und wenn Gott sich nicht sehr beeile, werde er bis zum Ende bleiben, was er jetzt sei, »an infidel Jew«.[105] War Freud wirklich ein areligiöser Mensch? Und wenn ja – hatte er kein Organ für religiöse Erfahrungen, wie ein Farbenblinder kein Organ hat zur Wahrnehmung bestimmter Lichtwellen? Trieb ihn ein Trotz, gar eine unbewußte Kraft, religiöse Erfahrungen zu verleugnen oder zu verdrängen? Oder war er mutig genug, sie frühzeitig skeptisch in Frage zu stellen und von ihnen Abstand zu nehmen?

Joachim Scharfenberg, Theologe und Psychoanalytiker, geht diese Fragen sehr behutsam an. Freuds »Wesen und seine Äußerungen lassen sich außerordentlich schwer auf einen Nenner bringen. Abgesehen davon, daß er im Laufe der Jahre seine Theorien vielfachen Änderungen unterwarf und sie geradezu auf den Kopf stellen konnte, hatte er, nach eigenem Zeugnis, fast immer von allem mindestens zwei Meinungen, und in manchen Bereichen hat sich diese Spannung nie gelöst, ja sie erschien ihm oftmals geradezu als Signum des Lebendigen. Wenn es deshalb ein zentrales Leitmotiv geben könnte für Freuds Persönlichkeit wie auch für sein Werk, dann noch am ehesten den Begriff ›Ambivalenz‹ . . ., den er persönlich am meisten liebte. Nur unter diesem Aspekt wird sich ein einigermaßen gerechtes Bild zeichnen lassen von Freuds Bildungserlebnissen, dem, was er wissenschaftlich wollte, und dem, was ihn höchstwahrscheinlich am nachhaltigsten und tiefsten prägte.«[106]

In seiner kurzen, 1925 erschienenen *Selbstdarstellung* macht Freud keinen Hehl daraus, daß seine Vorfahren Juden waren und daß er selbst Jude geblieben ist. Sein Vater, Jacob Freud, sprach zwar Hebräisch so gut wie Deutsch, war aber – jedenfalls in späteren Jahren – nicht sehr religiös, schon gar nicht orthodox. Er hatte seine dritte Frau Amalia Nathansohn, Sigmund Freuds Mutter, nach einem reformierten Zeremoniell geheiratet und »im Laufe der Jahre praktisch alle Züge von Religionsausübung abgestreift. Er feierte weiterhin das Passahfest und las die Bibel auf Hebräisch – aber das war alles. Er hatte seinen Sohn beschneiden lassen, doch es gibt keinen Hinweis, daß Freud zu Hause auch nur eine Spur religiöser Unterweisung oder eine Bar Mizwah empfangen hätte.«[107] »Unsere Feiertage«, erinnert sich Freuds Sohn Martin, »waren Weihnachten mit Geschenken unter einem kerzengeschmückten Baum und Ostern mit buntbemalten Ostereiern. Ich bin nie in einer Synagoge gewesen, auch nicht, soviel ich weiß, meine Geschwister.«[108]

Es gibt aber eine frühe Jugenderinnerung Freuds, in der Religion eine gewisse Rolle spielt. In den Briefen an Wilhelm Fliess berichtet er von einer Kinderfrau, »ein häßliches, älteres, aber kluges Weib, das mir viel vom lieben Gott und von der Hölle erzählt hat.«[109] Seine Mutter erinnert sich: »Sie hat Dich in alle Kirchen getragen; wenn Du dann nach Hause gekommen bist, hast Du gepredigt und erzählt, wie der liebe Gott macht.«[110] Diese Kinderfrau wurde, als Freud zweieinhalb Jahre alt war, wegen Diebstahls zu einer Gefängnisstrafe verurteilt und bei dieser Gelegenheit aus ihrem Dienst entlassen. Meissner meint, diese Enttäuschung an der Frau, die ihn von der Geburt an gepflegt hatte, müsse ihn erheblich desillusioniert haben nicht nur bezüglich ihrer Person, sondern auch bezüglich ihrer Religion.[111]

Freuds allererste Lektüre war die Bibel des Alten Testaments, und zwar die Ausgabe von Philippson, die außer dem Text eine Vielzahl von Illustrationen enthält neben Kommentaren und Hinweisen auf die frühe Geschichte und andere Religionen. Freud selbst schreibt dazu: »Frühzeitige Vertiefung in die biblische Geschichte, kaum daß ich die Kunst des Lesens erlernt hatte, hat, wie ich viel später erkannte, die Richtung meines Interesses nachhaltig bestimmt.«[112] Bemerkenswerterweise ist diese Äußerung aus den späteren Auflagen der *Selbstdarstellung* gestrichen worden, ohne daß sich noch feststellen ließe, wer dafür verantwortlich war.[113]

Es ist auch merkwürdig, daß Freud nachweislich vom siebten bis zum dreizehnten Lebensjahr Unterricht in Hebräisch genoß, später aber bestritt, diese Sprache zu kennen. Zum fünfunddreißigsten Geburtstag überreichte ihm jedenfalls sein Vater die Philippson-Bibel mit einer hebräischen Widmung, in der es unter anderem heißt: »Du hast in diesem Buch Deinen ersten Blick auf das Bild des Allmächtigen geworfen. Du hast seine Lehre willig angehört und hast Dein Bestes getan, Dich auf den Flügeln seines Geistes in die Höhe tragen zu lassen.«[114] Wenn Freud also später versicherte, er könne kein Hebräisch und er sei völlig religionslos erzogen worden, stehen wir vor einem Widerspruch, der psychoanalytische Überlegungen mit Recht provoziert. Scharfenberg fragt denn auch, »ob hier nicht jener Mechanismus zu beobachten ist, den Freud so meisterhaft beschrieben hat und den er ›Verdrängung‹ nannte, und ob es nicht die Macht der ›Wiederkehr des Verdrängten‹ ist, die sich zumindest als eine Linie in seinem Leben beobachten läßt, daß er nämlich bis zu seinem Tode von dem religiösen Phänomen – präziser, von dem Phänomen ›Moses‹ – nicht loskam.«[115] Tatsächlich hat Freud von 1882 bis zu seinem Tode 1939 immer wieder Versuche unternommen, sich mit dem Phänomen der Religion beziehungsweise der Religiosität auseinanderzusetzen.

Freuds Atheismus, ein neurotisches Symptom? Seine Religionskritik die Wiederkehr des Verdrängten? Die Vermutung ist jedenfalls nicht von der Hand zu weisen. Sicher ist, daß bald andere als religiöse Einflüsse für Freud bedeutsam wurden. Mit acht Jahren begann er, Klassiker zu lesen, Shakespeare zum Beispiel, Cervantes, Goethe, Heine und Börne, auch weitere englische Autoren wie Milton, Fielding, Sterne, Dickens. Ihn interessierten historische, speziell archäologische Werke. Nach eigenem Eingeständnis hat er wesentlich mehr über Archäologie gelesen als über Psychologie.[116] Als Freud, angeregt durch Goethes Aufsatz *Die Natur,* sich entschlossen hatte, Medizin zu studieren, war er von dieser Wissenschaft sehr enttäuscht. So nahm er neben seinem Fachstudium an philosophischen Seminaren bei Franz Brentano und Theodor Gomperz teil und begeisterte sich für Plato, der als erster – in seiner Lehre von der Wiedererinnerung – eine unbewußte Seelentätigkeit ins Auge faßte und der ihn in seiner rückhaltlosen Wahrheitssuche lebenslang beeindruckte. Im Gegensatz zu dieser Zeit nahm Freud später den Philosophen gegenüber eine sehr kritische, ja ressentimentgeladene Haltung ein. »Er will es kaum mehr wahrhaben, daß seine leidenschaftliche Sehnsucht einmal der philosophischen Erkenntnis gegolten haben soll«[117] – wieder ein auffälliger Widerspruch.

Seine großen Mentoren wurden in der Folgezeit Darwin und Lamarck, Fechner mit seiner Psychophysik und Herbart mit seiner mechanistischen Psychologie, die Physiologen Helmholtz und Dubois-Reymond und der Psychiater Meinert, der leidenschaftlich die These vertrat, psychische Erscheinungen, wie zum Beispiel Willensimpulse, seien nichts als Innervationsvorgänge. Von seinem Lehrer, dem Physiologen Ernst Brücke, ließ Freud sich in die asketische Welt der Laboratoriumsarbeit drängen und begann dort seine ersten Forschungen. Vielleicht tat er dies, weil er Angst hatte vor seiner »subjektiven Neigung, in der wissenschaftlichen Forschung der Phantasie zuviel einzuräumen«, wie er in einem Brief schrieb.[118]

Der praktischen ärztlichen Tätigkeit wandte sich Freud aus nüchterner Erwägung und bitteren Überlegungen heraus zu. Als Jude hatte er in Wien keine Chance auf eine wissenschaftliche Laufbahn, und da er heiraten wollte, brauchte er Geld. Für das Arzttum gewonnen wurde Freud erst durch die Begegnungen mit Charcot in Paris, Bernheim in Nancy und Josef Breuer in Wien. Diese drei Lehrer beziehungsweise Freunde stießen ihn auf die Hysterien, auf Suggestion und Hypnose, über die er dann die Psychoanalyse entwickelte.

Bei einem so rationalen Wissenschaftler wie Freud überrascht es zu hören, daß er sein Leben lang ein ungewöhnlich abergläubischer Mensch war. William Meissner widmet diesem Thema eine sehr eingehende Darstellung.[119] Aberglaube war zu Freuds Zeit in der jüdischen Kultur wohl sehr verbreitet, und die erwähnte Philippson-Bibel ist voll von numerologischen Symbolismen. Vielleicht unter dem Einfluß seines Freundes Wilhelm Fliess, der auch ein numerologisches System entworfen hatte, entwickelte Freud abergläubische Vorstellungen über sein Todesjahr. Er meinte zunächst, mit 41 oder 42, dann mit 51, später mit 61 oder 62, schließlich mit 81½ Jahren sterben zu müssen.

Um 1920 herum interessierte er sich plötzlich für Telepathie und Okkultismus und schrieb drei Arbeiten zu diesem Thema. Auch hier ließ er einander widersprechende Einstellungen erkennen. Nichtsdestoweniger fesselten ihn diese Fragen. Noch als Fünfundsechzigjähriger schrieb Freud, daß er, wenn er noch einmal am Beginn seiner wissenschaftlichen Laufbahn stünde, kein anderes Arbeitsgebiet wählen würde als das des Okkulten. Halb fürchtete, halb hoffte er, daß hinter den okkulten Phänomenen, die vorwiegend in Gestalt der Telepathie an ihn herangetragen worden waren, etwas stehen könnte, was den großen Erdrutsch herbeiführen würde, einen fürchterlichen Zusammenbruch des kritischen Denkens, der deterministischen Forderung, der mechanistischen Wissenschaft, dem alles, was seit den Kindertagen der Menschheit an Gläubigkeit bereitliegt, entgegenjauchzen würde. Sein Herz schlug zwar weiter für die kritische Wissenschaft, doch hörte er nicht auf dafür zu werben, daß man freundlicher über die Phänomene der Telepathie denke, hinter denen er ein ursprüngliches archaisches Kommunikationssystem vermittels direkter psychischer Übertragung vermutete. Als ihm befreundete Psychoanalytiker entgegenhielten, dann könne er genausogut an die Existenz von Engeln glauben, erklärte er ungerührt: »Ganz richtig, sogar an den lieben Gott!« – worauf für ihn das Gespräch beendet war.[120]

Meissner vermutet, daß die Zahlensymbolik und das Okkulte Freud noch mehr beschäftigt haben, als er eingestanden hat. Er macht darauf aufmerksam, daß Freud für diese zwiespältig empfundenen Regungen immer Projektionsfiguren hatte, bei denen er sie bekämpfen konnte: Fliess bei der Zahlensymbolik, Jung bei Mystik und Okkultismus.

Als Wissenschaftler stand Freud ganz klar in der Tradition der Aufklärung. Peter Gay nennt ihn den letzten Aufklärer, und als solcher bekämpfte er die Religion. Es gibt aber ungezählte Stellen in Freuds Werk und in seinen Briefen, in denen er die Religion als etwas Großartiges anerkennt, dies allerdings im Sinne einer bedeutenden Kulturleistung.

Atheist war Freud schon, bevor er Analytiker wurde, nicht weil er Analytiker war, betont Gay.[121] Zu seinen geistigen Vätern gehörten auch Voltaire, Diderot und Feuerbach, die Wissenschaft und Religion für unvereinbar hielten. Energisch wandte er sich gegen den Vorwurf, daß die Psychoanalyse selbst eine Weltanschauung sei: Die Psychoanalyse sei »eine Spezialwissenschaft, ein Zweig der Psychologie – Tiefenpsychologie oder Psychologie des Unbewußten –«, »ganz ungeeignet, eine eigene Weltanschauung zu bilden, sie muß die der Wissenschaft annehmen«. Als solche erkläre sie, »daß es keine andere Quelle der Welterkenntnis gibt als die intellektuelle Bearbeitung sorgfältig überprüfter Beobachtungen ... Offenbarung, Intuition oder Divination« seien zu verwerfen.[122]

Scharfenberg fragt: Ist damit die Psychoanalyse also doch mit einer »rationalistischen, positivistischen, agnostischen, materialistischen Weltanschauung verbunden? Wir meinen: auf keinen Fall.«[123] Bei näherem Zusehen zeige sich nämlich, »daß Freuds Verhältnis zur Wissenschaft ... im Grunde ein gebrochenes Verhältnis ist. Sein eigener Arbeitsstil dürfte wohl kaum dem Wissenschaftsideal seiner Zeit entsprochen haben. Er billigte der Einzelbeobachtung weit größere Bedeutung zu, als man das gemeinhin tat, und verschmähte weiterhin die Verifizierung solcher Beobachtungen an einem statistisch signifikanten und zahlenmäßig imponierenden Material. Das Neue ist ihm immer ›einfallsartig‹ gegeben, das heißt, er arbeitet vorwiegend mit der von ihm selbst verpönten Intuition. Der Dichter ist ihm immer wieder neidvoll beobachtetes Beispiel dafür, daß auf dem Gebiet der Menschenkunde ›erflogen‹ werden kann, was die wissenschaftliche Betrachtungsweise mühsam ›erhinken‹ muß. So schreibt er denn schließlich selber Krankengeschichten, die sich zu seinem eigenen Verwundern wie Novellen lesen.«[124] Auch Freuds im Alter zunehmendes Interesse für kulturelle und religiöse Phänomene wird ja von kühnen Hypothesen geleitet und weniger von direkten Einzelbeobachtungen. Freud charakterisiert dieses Interesse ausdrücklich als ein Stück »Wandlung« nach einem »Umweg über Naturwissenschaft, Medizin und Psychotherapie«.[125] Er kommt zu dem zurück, was ihm von Jugendjahren an Bedürfnis war: »Etwas von den Rätseln der Welt zu verstehen und vielleicht etwas zu ihrer Lösung beizutragen.« Daß er diese anfängliche Richtung seines Interesses im Alter wiederfand, bezeichnet Freud als seinen »Lebenstriumph«.[126]

Scharfenberg wirft die Frage auf, ob Freud im philosophischen Sinne zum Skeptiker wurde. Er antwortet: »Wir stehen hier vor einer Seite des Freudschen Wesens, die für die Unabgeschlossenheit seines Denkens zeugt, die aber wohl kaum korrekt mit dem oft beschworenen Terminus ›Skepsis‹ wiedergegeben wird. Gewiß, Freud war bis zum Äußersten skeptisch jeder unnachprüfbaren Autorität gegenüber... Den Ehrentitel eines philosophischen Skeptikers lehnte er für sich jedoch ab: ›Ich bin kein unbedingter Skeptiker. In einem bin ich doch ganz sicher: daß wir gewisse Dinge jetzt nicht wissen können‹«. Scharfenberg dazu: »Steckt in solch einem demütigen Eingeständnis nicht mehr Glaube als in mancher pompösen Gottesvorstellung?«[127]

Freud hat sich, wie er immer wieder betont, als ungläubiger, gottloser, areligiöser Agnostiker beziehungsweise Atheist verstanden. Der jüdischen Glaubensgemeinschaft hat er – jedenfalls als Erwachsener – nicht angehört, der jüdischen Schicksalsgemeinschaft aber fühlte er sich sein Leben lang eng verbunden, und er war stolz darauf. »Er hielt sein Judentum für ein undefinierbares, schwer faßbares in ihm wirkendes Element.«[128] Tief beeindruckten ihn jüdische Gestalten. Was war es, das ihn faszinierte? Waren es die Menschen, die Träger der Geschichte seines Volkes, oder war es nicht auch deren Religiosität? Zwei Beispiele sollen das erhellen.

In einem Brief an seine Braut Martha Bernays vom 23. Juli 1882 beschreibt Freud die Begegnung mit einem alten Hamburger Juden, einem Schüler von Marthas Großvater Isaak Bernays, der in Hamburg Vorsteher der sephardischen Gemeinde war. »Es war ein jovialer alter Herr, den ich auf vierundfünfzig schätzte; mit diesem Irrtum gewann ich sein Herz... Er war vierundsiebzig Jahre alt und rühmte seine Genuß- und Arbeitsfähigkeit und versicherte, daß er gar nicht so bald von dem Leben zu scheiden gedenke... Er erzählte weiter von seinen Jugenderinnerungen, und Züge des weisen Nathan tauchten jetzt in seinem Gemüte auf. Er war ein außerordentlicher Mensch und lehrte die Religion mit solchem Geist und Humanität. Wenn jemand gar nichts glauben will, ach, dann ist nichts mit ihm zu machen; wenn er aber einen Grund verlangt für dies und jenes, was als unsinnig gilt, so stellte er sich außerhalb des Gesetzes und rechtfertigte es von da aus auch für den Ungläubigen. Zum Beispiel die Speisegesetze: was kann gleichgültiger sein, als was man ißt? Aber da sagte er: gehen wir auf die Schöpfungsgeschichte zurück, es ist vielleicht aus einer Fabel, aber was die ganze Menschheit seit Jahrhunderten glaubt, kann doch kein Unsinn sein, muß einen Sinn enthalten... Und wenn Gott als erstes Gebot ein Speisegebot gab, kann es eine gleichgültige Sache sein, wie man ißt?«

»Er erzählte noch mehrere solcher sinnreicher Stütz- und Erklärungsversuche. Ich kannte ja die Art. Der Anspruch der Heiligen Schrift auf Wahrheit und Gehorsam war nicht zu stützen, es war da keine Reform berechtigt, nur ein Umsturz; aber es lag ein ungeheurer Fortschritt, eine Art Erziehung des Menschengeschlechts im Lessingschen Sinne in solcher Lehrweise. Die Religion war nicht ein starres Dogma, sie wurde zum Gegenstand des Nachsinnens, zur Befriedigung des verfeinerten künstlerischen Geschmacks und gesteigerter logischer Anforderungen, und schließlich empfahl sie der Hamburger Lehrer, nicht weil sie einmal als geheiligt vorhanden war, sondern weil er sich des tiefen Sinnes freute, den er in ihr entdeckte oder in sie hineintrug«. »Der Jude, sagte er, ist die höchste Blüte des Menschen und für den Genuß geschaffen. Er verachte jeden, der nicht genießen könne... Das Gesetz schreibt den Juden vor, sich jedes kleinen Genusses zu freuen, über jede Frucht die Broche zu sprechen, die an den Zusammenhang mit der schönen Welt, in der sie gewachsen ist, erinnert. Der Jude ist für die Freude, und Freude ist für den Juden.«

Freud schließt seinen Brief: »Und für uns beide glaube ich: wenn die Form, in der die alten Juden sich wohl fühlten, auch für uns kein Obdach mehr bietet, etwas vom Kern, das Wesen des sinnvollen und lebensfrohen Judentums, wird unser Haus nicht verlassen.«[129]

Im Februar 1914 erschien in der psychoanalytischen Zeitschrift *Imago* ein anonymer Aufsatz mit der Überschrift *Der Moses des Michelangelo.* Erst zehn Jahre später wurde das Geheimnis gelüftet: Der Aufsatz stammte von Freud. Es ist die einzige Arbeit, die Freud anonym erscheinen ließ. In dieser Arbeit verbirgt sich offensichtlich etwas sehr Intimes. Zwanzig Jahre später bezeichnet Freud selber diese Arbeit als »ein Kind der Liebe«.[130] Der Inhalt des Aufsatzes: Drei Wochen lang hatte Freud täglich in der Kirche San Pietro in Vincolis vor der Moses-Statue des Michelangelo gestanden. Sie faszinierte ihn ganz ungewöhnlich, und er versuchte herauszufinden, warum sie diese gewaltige Wirkung auf ihn auszuüben vermochte. Gewöhnlich wird die Skulptur verstanden als Moses, der mit den Gesetzestafeln vom Berge Sinai zurückkommt, sein Volk um das Goldene Kalb tanzen sieht und dabei ist, im Zorn die Gesetzestafeln zu zerschmettern. Freud aber deutet, Moses »wird jetzt so sitzen bleiben in gebändigter Wut, in mit Verachtung gemischtem Schmerz ... Er gedachte seiner Mission und verzichtete für sie auf die Befriedigung seines Affekts.«[131] Die Figur des Moses wird »zum leiblichen Ausdrucksmittel für die höchste psychische Leistung, die einem Menschen möglich ist, für das Niederringen der eigenen Leidenschaft zugunsten und im Auftrage einer Bestimmung, der man sich geweiht hat.«[132]

Scharfenberg macht unter anderem auf folgende Bemerkung Freuds aufmerksam: »als gehörte ich selbst zu dem Gesindel, auf das sein Auge gerichtet ist, das keine Überzeugung festhalten kann, das nicht warten und nicht vertrauen will und jubelt, wenn es die Illusion des Götzenbildes wieder bekommen hat«.[133] Es sei dies eine der ganz wenigen Stellen, in denen Freud das Phänomen Schuld mit sich selbst in Verbindung zu bringen vermöge.

Kommentar

Scharfenbergs Charakterisierung Freuds als ambivalent in seiner Persönlichkeit wie in seinem Werk ist sehr überzeugend. Ambivalenz ist allerdings ein deskriptiver Begriff. Psychodynamisch kann er dreierlei bedeuten. Ambivalenz kann erstens ein Zeichen von Reife, Realismus und geistiger Lebendigkeit sein. Dann meint sie die Fähigkeit, positive und negative Aspekte ein und derselben Person beziehungsweise Sache nebeneinander zu sehen, anzuerkennen und abzuwägen, abwarten zu können und sich nicht voreilig festzulegen.

Ambivalenz kann zweitens auch Zerrissenheit bezeichnen. Dann schwankt der ambivalente Mensch in seinen Urteilen hin und her. Er rühmt einmal das, was er später bekämpft, er macht sich Hoffnungen, die er dann wieder verwirft.

Ambivalenz kann drittens aber auch pathologisch werden. Das ist dann der Fall, wenn die gegensätzlichen Positionen als unerträglich konflikthaft erlebt werden. Dann kann das Ich die eine Position durch forcierte Betonung der anderen verleugnen, verdrängen, gar projizieren. In diesem Fall würde man von einer neurotischen Konfliktlösung sprechen. Scharfenberg wie Meissner, aber auch Wangh legen die Annahme nahe, Freuds Religionslosigkeit und seine Religionskritik könne Ausdruck einer solchen neurotischen Problemlösung sein. Das hieße, daß Freud potentiell ein religiöser Mensch war, er seine Religiosität aber aus Ängsten, die sie bei ihm hervorrief, abwehren mußte.

Mein Eindruck ist, daß sich alle drei Formen der Ambivalenz bei Freud finden lassen. Die erste bedarf keiner näheren Erörterung. Wie Scharfenberg es formulierte, war Freud stolz darauf, fast immer von allem mindestens zwei Meinungen zu haben, seine Theorien immer wieder in Frage zu stellen und gegebenenfalls zu verändern.

Die zweite Form der Ambivalenz bildet sich am deutlichsten ab in Freuds Einstellung zur Wissenschaft. Einmal ist er von der naturwissenschaftlichen Medizin enttäuscht und fasziniert von der Philosophie, ein andermal spottet er ressentimentgeladen über die Philosophen und besteht darauf, daß die Psychoanalyse eine Naturwissenschaft sei. Er verschreibt sich für Jahre der strengen positivistischen Forschung; Jahrzehnte nachher empfindet er es als »Lebenstriumph«, sie hinter sich gelassen zu haben. Ich würde aber nicht von einem gebrochenen Verhältnis zur Wissenschaft sprechen. Scharfenberg scheint in seinem Wissenschaftsverständnis die Hypothesenüberprüfung gegenüber der Hypothesengenerierung überzubetonen. Die Hypothesengenerierung gehört aber konstitutiv zu jeder, auch der positivistischsten Wissenschaft. Es trifft jedoch zu, daß Freud in seinen späteren Jahren lieber Hypothesen entwarf, als sie kritisch zu überprüfen, wie er es selbst ungezählte Male forderte.

Wenn Freud »Offenbarung, Intuition und Divination« als Erkenntnismittel verwirft, ist es nicht korrekt, ihm – wie Scharfenberg es tut – vorzuhalten, daß er sich als Psychoanalytiker doch der Intuition bediene. Aus dem Zusammenhang geht deutlich hervor, daß er unter Intuition im ersten Falle etwas anderes versteht als reflektierte Empathie, nämlich geistige Schau beziehungsweise unmittelbare Wesenserfassung.

Welche Form der Ambivalenz prägt aber sein Verhältnis zur Religion? Ist es die dritte? Erörtern wir die Einzelheiten. Da gab es die Erfahrungen mit der Kinderfrau, die ihn in katholische Gottesdienste mitnahm und ihm vom lieben Gott und von der Hölle erzählte. Sicher hat ihn ihr schmähliches Verschwinden beschäftigt. Vielleicht mußte er sie und alles, was er mit ihr erlebt hatte, entwerten. Sind es aber religiöse Erlebnisse, die ein Kind im Alter von bis zu zweieinhalb Jahren zusammen mit seinem Kindermädchen hat? Denkbar erscheint mir wohl, daß das, was dem Kindermädchen wichtig war, zum Beispiel das Religiöse, auch später einem besonderen Mißtrauen und einer Entwertung unterlag. Reicht das aber hin, seine fehlende Religiosität zu erklären?

Zwar war Freuds erste Lektüre die Bibel. Er berichtet selbst, wie diese sein Leben beeinflußt hat. Er meint dies aber kaum im religiösen Sinne. Zwar spricht der Vater in der Widmung der Philippson-Bibel zu Freuds fünfunddreißigstem Geburtstag in poetischen Worten vom ersten Blick auf das Bild des Allmächtigen und von den Flügeln seines Geistes. Heben diese Interpretationen des Vaters Freuds Versicherungen, nie religiös gefühlt zu haben, aber auf? Sechs Jahre wurde er im Hebräischen unterrichtet. Später erklärte er, er verstünde das Hebräische nicht. Dieses Phänomen ist zwar merkwürdig, erlaubt aber so viele mögliche Deutungen, daß die, es sei ein Hinweis auf verdrängte religiöse Erfahrungen, doch recht vorschnell zu sein scheint.

Wie verhält es sich aber mit seinem Aberglauben beziehungsweise seinem Interesse für Okkultismus und Telepathie, mit seiner Faszination von Moses oder dem alten Hamburger

Juden und mit seiner lebenslangen Beschäftigung mit dem Phänomen Religion? Abergläubische, okkulte, telepathische Phänomene fordern einen kritischen Wissenschaftler heraus. Könnte es nicht für wissenschaftliche Unvoreingenommenheit sprechen, wenn Freud sich der Existenz bisher unerklärter Phänomene nicht verschloß? Aber nach seinen eigenen Bekundungen war für Freud die Frage des Okkulten eng mit der Frage des Übernatürlichen verbunden.

Man könnte fragen, was daran religiös sei, wenn sich ein Jude mit einer Figur der jüdischen Geschichte identifiziert und wenn er vor der Gestalt des Moses, so wie er ihn interpretiert, sich verdächtigt, dem »Gesindel« zuzuneigen. Es gibt ja das Bedürfnis nach Identifizierung und ethischer Gesinnung auch bei einem areligiösen Menschen. Aber Moses war ein gläubiger Mann, der Stifter einer großen Religion. Fühlte sich Freud nicht auch von seinem Glauben angezogen?

Der alte Hamburger Jude vertritt in seiner Interpretation des Judentums eine sehr menschenfreundliche Anthropologie, einen Sinndeutungsversuch der irdischen Welt ohne dogmatischen Anspruch, ein geistiges Spiel, einen ästhetischen Genuß. Aber Freud war eben auch beeindruckt von seiner Art der Gläubigkeit.

Die Frage, ob Freud seine an sich vorhandene Religiosität verleugnete oder verdrängte und deshalb die Religion zeitlebens bekämpfen mußte, greift möglicherweise zu kurz. Was er bekämpfte, war vielleicht nur vordergründig seine potentielle Religiosität, hintergründig dagegen können es Gefühle und Erlebnisweisen sein, die den religiösen Erfahrungen zugrunde liegen. Was damit gemeint ist, werde ich im Teil III detailliert darstellen und belegen. Geht es aber vor allem um die Abwehr dieser Erlebensmöglichkeiten, muß man Freud ernst nehmen, wenn er versichert, er habe nie religiös gefühlt und wenn Gott sich nicht sehr beeile, werde er bis zu seinem Ende bleiben, was er sei, nämlich ein ungläubiger Jude.

Freuds Religionskritik, ein Irrtum aufgrund theoretischer Defizite?

Auf hohem theoretischen Niveau versucht Hans Küng Freuds Religionskritik in Frage zu stellen. Er greift die beiden Hauptthesen Freuds über den Ursprung und das Wesen der Religion auf, nämlich die These aus *Totem und Tabu,* Religion sei ein Versuch, eine historische Schuld zu bewältigen, und die These aus *Die Zukunft einer Illusion,* Religion basiere auf einer Illusion, die als Realitätswahrnehmung verkannt werde.

Freuds These vom Urtrauma der Menschheit, dem Mord am Vater der Urhorde, widmet Küng eine umfangreiche Abhandlung aus der Sicht der modernen Religionswissenschaft und Ethnologie: Freud habe aus dem Zeitgeist von 1912 geschrieben, »einer Zeit erster Begeisterung für die evolutionäre Welt- und Religionserklärung, wo man aus Entdeckerfreude Stufen, Phasen, ja konkrete Abläufe der religionsgeschichtlichen Entwicklung kühn entwarf und eine animistische oder totemistische Phase als erste Stufe von Religion noch unbekümmert vertreten konnte«.[134] Diese Entwürfe hätten aber einer späteren Überprüfung nicht standgehalten. Küng geht ausführlich auf die Schicksale der beiden verbreitetsten Annahmen der Religionswissenschaft in den letzten Jahrzehnten ein. Die eine ging davon aus, daß zu Anfang der menschlichen Entwicklung eine monotheistische Hochreligion existierte, die dann zu den verschiedenen historischen und heute existierenden Religionen degenerierte (Degenerationstheorie). Die andere nahm unter dem Einfluß Darwins im Gegensatz dazu für den Anfang der menschlichen Entwicklung einen primitiven Macht- oder Geisterglauben an, der sich erst allmählich zu höheren Religionen entwickelte (Evolutionstheorie).

Bis heute bestreite kein ernsthafter Forscher, daß Religionen sich entwickeln. Insofern »behielt Freud ... recht gegen alle statisch und fixistisch denkenden Theologen. Aber alle ernsthaften Forscher bestreiten heute den doktrinär-schematischen Evolutionismus in der Religionsgeschichte: die Religionen entwickeln sich in ganz und gar unsystematischer Vielfalt! Für die postulierten Urphasen der Religion bedeutet dies: gewiß hat die Magie und hat der Seelen- und Geisterglaube in vielen Religionen eine überragende Rolle gespielt; gewiß sind manche vergötterten Ahnen später als göttliche Wesen verehrt worden; gewiß ist in vielen Fällen die Verehrung eines Totem-Tieres in Götterverehrung übergegangen, aber: daß überall ein Präanimismus oder Animismus oder Totemismus die ursprüngliche Form der Religion gewesen sei, ist ein dogmatisches Postulat und keine historisch bewiesene Tatsache.«[135] Bei keiner einzigen Religion hat man die angenommene Abfolge der verschiedenen Phasen wirklich nachweisen können. Die einzelnen Phänomene und Phasen durchdringen vielmehr einander. Statt von Phasen oder Epochen spricht man heute von Schichten oder Strukturen, die sich grundsätzlich in allen Phasen oder Epochen finden können.

Eines sei aber bei allen historischen Untersuchungen deutlich geworden: In der langen Geschichte der Menschheit wurde kein Volk oder Stamm gefunden ohne irgendwelche Merkmale von Religion. Selbst dem *homo heidelbergensis,* der vor hundertfünfzigtausend Jahren lebte, werden Erstlingsopfer zugeschrieben. Und dem Neandertaler vor hunderttausend Jahren waren offenbar schon Vorstellungen eines jenseitigen Lebens eigen, wie man aus seinen Grabausstattungen sehen kann. Gegenüber der Ansicht, es gäbe primitive Völker ohne Religion, zitiert Küng den Ethnologen Bronislaw Malinowski: »Heute sind wir etwas verwirrt durch die Entdeckung, daß für einen Primitiven alles Religion ist, daß er ständig in einer Welt des Mystizismus und des Ritualismus lebt. Wenn Religion Leben und Tod umschließt, wenn sie aus allen kollektiven Handlungen erwächst und aus allen entscheidenden Ereignissen des individuellen Lebens, wenn sie die ganze Gedankenwelt der Primitiven und alle ihre praktischen Belange umfaßt – dann sehen wir uns veranlaßt, nicht ohne Bestürzung zu fragen: was verbleibt noch außerhalb der Religion, welches ist der Bereich des Profanen im Leben des Primitiven?«[136] Und Küng fragt: »Ist Religion also eine ewige Sehnsucht der Menschheit?«[137]

Kommentar I

Ist die These von der Religion als Versuch der Bewältigung einer historischen Schuld damit hinfällig geworden? Küng macht darauf aufmerksam, daß Freud selbst bezüglich seiner Theorien in *Totem und Tabu* von Hypothese, Vision, Vermutung, Versuch gesprochen hat. Es sei ihm »um eine von vornherein feststehende Theorie von Religion« gegangen, »die er dann mit religionsgeschichtlichem Material zu belegen versuchte«. In seinem Aufsatz über Leonardo da Vinci (1910) habe Freud bereits geschrieben, »daß der persönliche Gott psychologisch nichts anderes ist, als ein erhöhter Vater... Im Elternkomplex erkennen wir so die Wurzel des religiösen Bedürfnisses.«[138]

Küng schreibt das tadelnd. Er wirft Freud vor, nicht zuerst ernsthaft die Quellen primitiver Religion erforscht zu haben und dann zu seinem Ergebnis gekommen zu sein. Meines Erachtens verkennt hier Küng die Tatsache, daß Wissenschaft so nicht vorgeht. Es gibt bekanntlich keine voraussetzungslose Wissenschaft, keine hypothesenfreie Erforschung irgendwelcher Quellen, aus denen sich dann ein Ergebnis herausschält. Tatsächlich geht jeder Wissenschaftler an sein Forschungsobjekt mit einer Hypothese heran und prüft, ob dieses Forschungsobjekt, zum Beispiel die Quellen primitiver Religion, seine Hypothese stützt oder widerlegt. Idealerweise sollte ein Wissenschaftler gerade nach Befunden suchen, die seine Annahmen widerlegen. Damit ist ein einzelner Wissenschaftler in der Regel aber überfordert (Küng auch, wie sich im folgenden noch zeigen wird). Im Wissenschaftsbetrieb übernehmen das normalerweise seine Kritiker. Freud ist also nicht unwissenschaftlich verfahren. Verwunderlich ist allerdings, daß er, der seine Theorien so oft revidierte, trotz seines Wissens um den hypothetischen Charakter von

Totem und Tabu und trotz der nachfolgenden wissenschaftlichen Kritik daran an seinen Thesen so hartnäckig festhielt. Dafür muß es einen Grund geben.

Was könnte der Grund für diese Hartnäckigkeit sein? Seine wissenschaftliche Voreingenommenheit, wie Küng meint? Freuds eigene Begründung, andere Auffassungen seien ja auch unbewiesen, seinen aber komme erhebliche erklärende Kraft zu? Oder sollte Freud mit angreifbaren Begründungen doch etwas Zutreffendes erkannt haben?

Im Kapitel über »Vaterreligion« habe ich ausführlicher dargelegt, daß die erklärende Kraft der Deutungen Freuds keineswegs steht und fällt mit der historischen Wahrheit des Vatermords in der Urhorde. Es gibt eine naheliegendere Erklärung für die ambivalente Beschäftigung mit der Vater-Gott-Gestalt und die geheimnisvollen Schuldgefühle. Diese besteht darin, daß die Ambivalenz gegenüber dem Vater, die jeder Mensch in seiner individuellen Lebensgeschichte durchmacht und konflikthaft erlebt – es gibt ja keine nichtambivalenten Beziehungen mit Ausnahme der frischen Verliebtheit! –, vom bewußten Erleben abgewehrt, in eine Mythologie verlegt und dort bearbeitet werden kann. Die verschiedenen Vaterreligionen bieten sich in überzeugender Weise an, in ihren Bildern, Zeremonien, Geschichten, Symbolen und Metaphern dieses Thema in einer angstfreieren Weise bewältigen zu helfen. Dies geschieht allerdings schon seit Jahrhunderten beziehungsweise Jahrtausenden. Und diese Tradition wird von den Angehörigen der Religionen, insbesondere von ihren Priestern, gepflegt und weiterentwickelt. Insofern entsteht zu Recht der Eindruck einer historischen Dimension. Die Historie bezieht sich dann aber nicht auf stammesgeschichtliche Ereignisse der menschlichen Frühzeit, sondern auf den scheinbar phylogenetischen Umgang mit ontogenetischen Konflikten. Oder moderner formuliert: auf traditionelle Lösungsangebote der Gesellschaft für unbewußte Probleme ihrer Mitglieder. Die Ahnung dieser Zusammenhänge könnte Freuds Hartnäckigkeit begründet haben. Es geht tatsächlich um eine historische Schuld. Sie liegt aber nicht in der Stammesgeschichte, sondern in der Lebensgeschichte jedes Individuums. –

Mit der Widerlegung der Wunscherfüllungsthese tut sich Küng verständlicherweise schwer. Mit großer Fairneß räumt er ein, daß Theologen bei Freud tatsächlich lernen könnten. »Seine religionskritischen Schriften sind ein einziges Plädoyer für Ehrlichkeit im Umgang mit Religion!«[139] Freud habe entschieden recht, wenn er sich gegen das »credo, quia absurdum« wende. Die religiösen Lehren dürften den Ansprüchen der Vernunft nicht gänzlich entzogen werden, sie stünden nicht über der Vernunft. Ihre Wahrheit werde nicht nur innerlich verspürt, sie müsse auch begriffen werden. Die relative Berechtigung seines religionskritischen Ansatzes sei Freud ebensowenig zu bestreiten wie Feuerbach und Marx. Allen dreien gehe es um Emanzipation, umfassende Befreiung und mehr Menschlichkeit des Menschen. Zu Recht kritisiere Freud die Fehlformen von Religion: Wo Religion völlig auf das »ganz Andere« konzentriert sei, gehe der Kontakt zur Wirklichkeit notwendig verloren; religiöse Fragen würden dann leicht zu Selbsttäuschungen und Fluchtversuchen. Wo Religion sich allein auf Wunscherfüllung und nicht auf innere Wahrheit stütze, führe sie zur Regression auf kindliches Wünschen. Wo Religion sich in starrer Buchstabentreue, in einem Paragraphengewissen, in zwanghafter Repetition bestimmter Gebete, Formeln und Rituale manifestiere, ähnele sie tatsächlich dem privaten Zeremoniell des Zwangsneurotikers. Oft genug entspringe das Gottesbild eines Gläubigen statt ursprünglicher Einsicht und freier Entscheidung einem vorgeprägten strafenden oder gütigen Vaterbild. Oft genug würden frühkindliche Erlebnisse mit Erwachsenen, positiv wie negativ, auf Gott übertragen. Oft genug werde der strafende Vatergott von Eltern zum Erziehungsinstrument mißbraucht, und oft genug seien Religion und die (von der Religion oft verdrängte) Sexualität von Anfang an derart miteinander verschränkt, daß manche Konflikte, die als religiöse erlebt wurden, in Wirklichkeit nur Fixierungen an Urerlebnisse der Familienszene seien.

Bedeutet das aber, daß Religion nur Wunschdenken ist? fragt Küng. »Wie schon die Opiumstheorie von Marx, so gründet auch die Illusionstheorie Freuds in der Projektionstheorie Feuerbachs. Neu ist im wesentlichen nur Freuds psychoanalytische Vertiefung.«[140] Freud war dies klar. Küng versichert nun, daß die Argumente gegen den Atheismus Feuerbachs entsprechend auch gegen den Atheismus Freuds gültig seien. Psychologisch gesehen weise der Gottesglaube immer Strukturen und Gehalte einer Projektion auf und könne als reine Projektion verdächtigt werden. Das Faktum der Projektion entscheide aber nicht über Existenz oder Nichtexistenz des Objekts. Dem Wunsch nach Gott könne durchaus ein wirklicher Gott entsprechen. »Ist ein Glaube schon darum schlecht, und spricht es schon gegen seine Wahrheit, weil in ihm – wie doch auch in der Psychoanalyse! – alle möglichen triebhaften Motive, libidinösen Neigungen, psychodynamischen Mechanismen, bewußte und unbewußte Wünsche mitspielen? Warum soll ich eigentlich nicht wünschen dürfen ... ?«[141] In immer neuen Wendungen wiederholt Küng, daß dem Wunsch doch eine Wirklichkeit entsprechen könnte. Das hat Freud wiederholt eingeräumt.

Was an Feuerbach[142] und Freud als widerlegt gelten soll, läßt Küng offen. Er setzt statt dessen ein anderes Verständnis religiöser Erfahrung dagegen. »Man ist heute gegenüber allzu schön aufgehenden Konstruktionen mißtrauisch geworden und befragt deren problematische Voraussetzungen: ist es denn so sicher, daß der europäische oder amerikanische Typ des Intellektuellen mit all seiner Aufgeklärtheit dem lebendigen existentiellen Wissen der im Kreis jener Religionen lebenden Menschen, besonders der ›primitiven‹, wirklich überlegen ist? Ist es so sicher, daß sich hinter dem religiösen Glauben und Handeln dieser ›Primitiven‹ nichts an Realität verbirgt und alles im Grunde auf einen (aufzuklärenden) Irrtum zurückgeht? Sind Religionen also von vornherein weniger wahr als Wissenschaft? Oder stößt Wissenschaft hier möglicherweise an Grenzen, wenn sie mit ›geometrischer‹ rationaler Methode eine lebendige Religion und die so ganz verschiedene Kenntnis ›primitiver‹ Menschen ergründen will? Ist es überhaupt berechtigt, Religiöses grundsätzlich aus Nichtreligiösem ... erklären zu wollen, und dringt man so zum Verständnis des genuin Religiösen vor?«[143] »Religion bezieht sich ... auf eine ganz andere, nur im Glauben erfahrbare Wirklichkeit, die den Menschen und seine Welt zugleich übersteigt und umgreift.«[144]

Offenbar ist Küng nicht ganz wohl bei der Annahme einer ganz anderen Wirklichkeit. Zur gemeinsamen Wirklichkeit mit Freud zurückkehrend, versucht er daher, diesen auf seinem eigenen Feld zu schlagen: Er entwickelt eine eigene psychoanalytische Hypothese. Mit folgenden Beobachtungen bereitet er sie vor: Nur wenige Wissenschaftler gäben heute, so wie Freud, öffentlich über ihren Unglauben Rechenschaft. Aber auch nur wenige legten öffentlich von ihrem Glauben Zeugnis ab. Die Themen Religion, Glaube und Gott würden von vielen seltsam ausgeblendet, tabuisiert, in der Schwebe gelassen. Im Postskriptum seines Buches referiert Küng eine Untersuchung von amerikanischen Autoren, die im *American Journal of Psychiatry* vom März 1986 veröffentlicht wurde. Diese Autoren seien unter anderem zu folgenden Feststellungen gekommen: Es gibt eine deutliche Diskrepanz zwischen religiösen Überzeugungen auf seiten von Psychiatern und Psychologen und denen der Allgemeinheit. Nach empirischen Erhebungen glauben in den USA 90 Prozent der Befragten an Gott. Dem steht gegenüber, daß nur 43 Prozent der Mitglieder der American Psychiatric Association an Gott glauben, von den Mitglieder der American Psychological Association gar nur 20 Prozent. Von über dreitausend Professionellen der Seelenheilkunde waren neunhundert (=29 Prozent) Apostaten. Dic höchste Apostasie-Rate (40 Prozent) weisen dabei die Psychoanalytiker auf.

Küng folgert aus diesen Daten, daß Seelenheilkundige offenbar in Sachen Religion unwissend oder in bezug auf ihr eigenes Leben ablehnend seien. Viele Psychiater hielten die religiöse Öffentlichkeit für naiv, neurotisch oder ungebildet. Es bestehe also die Gefahr, daß diese Seelenheilkundigen die religiöse Dynamik ihrer Patienten gar nicht erkennen oder mißverstehen. Könne es sich angesichts dieser Beobachtungen nicht so verhalten, daß bei den atheistischen oder agnostischen oder an religiösen Fragen desinteressierten Psychiatern, Psychotherapeuten und Psychologen ein Verdrängungsphänomen vorliegt? Nicht zu bezweifeln sei ja, daß Sexualität verdrängt werden könne. »Deshalb die Frage: Kann vielleicht auch die Zukunft, die Angst und die Hoffnung, die Frage nach dem Lebenssinn, kann auch die Religiosität verdrängt werden?«[145]

Weiter verweist Küng auf die Auffälligkeiten in der Biographie Freuds. Obwohl er sich immer wieder als ungläubig bezeichnete, beschäftigte er sich bis zu seinem Tod mit dem Problem der Religion. Von der Mosesstatue des Michelangelo war er so fasziniert und wegen seiner Faszination so verschämt, daß er seine Abhandlung darüber zunächst anonym veröffentlichte. Der Glaube an Gott werde von Freud nicht einfach ersetzt durch wissenschaftliche Argumentation, »sondern durch einen anderen Glauben, den quasi religiösen Glauben an die Wissenschaft. Für Freud persönlich ist dann auch die Psychoanalyse faktisch weit mehr als nur Forschungs- und Heilmethode. Sie ist Grundlage einer atheistischen Weltanschauung, eine Art Religionsersatz«, behauptet Küng, obwohl er im nächsten Absatz von Freuds »ganz persönlicher Grundhaltung, die mit Psychoanalyse nichts zu tun hat«, schreibt.[146]

»Wenn es ... bei den religiösen Vorstellungen nach Freud selber um die ältesten, stärksten, dringendsten Wünsche der Menschheit geht, die durch Religion (nach ihm freilich ›illusionär‹) erfüllt werden, und wenn das Geheimnis ihrer Stärke die Stärke dieser Wünsche ist: dann muß eine Verdrängung gerade dieser Wünsche Folgen, möglicherweise höchst destruktive Folgen, haben.« »Religion hält die Frage nach dem Sinn des Ganzen von Menschenleben und Weltgeschichte wach (und beantwortet sie auf je verschiedene Weise), Fragen, die durch partielle Sinnerfahrung in Teilbereichen nicht zum Stillstand zu bringen sind. In der Religion geht es nicht nur um eine relative Erfüllung des Lebens im Hier und Heute, sondern um eine definitive Sinnerfüllung im Leben und auch im Sterben; um eine Gerechtigkeit nicht nur gerade für mich, sondern um eine absolute Gerechtigkeit für jeden Menschen; nicht nur um bedingte, sondern um unbedingte Maßstäbe und Normen; geht es um eine letzte geistige Heimat, einen unendlichen Horizont, eine ewige Verheißung.«[147]

Hat Freud und haben nach ihm Generationen von Psychoanalytikern etwas übersehen? Gibt es in jedem Menschen religiöse Bedürfnisse, wie es in jedem Menschen sexuelle Bedürfnisse gibt? Küng relativiert diese Parallelisierung ein wenig, hält aber daran fest, daß »Religiosität ... gewiß wie die Sexualität auch Ausdruck elementarer Es-Wünsche« sei. Die religiösen Bedürfnisse bezögen sich aber, im Unterschied zu der Sexualität, »auf eine ganz andere, nur im Glauben erfahrbare Wirklichkeit, die den Menschen und seine Welt zugleich übersteigt und umgreift. Nicht naiv auf den ›Herrgott‹, sondern auf die wirklichste Wirklichkeit in allen Dingen, jene allererste, allerletzte Wirklichkeit in der Tiefendimension des Lebens und Sterbens, die der Mensch nicht durch einen rationalen Beweis ... demonstrieren, auf den er sich aber in einem vernünftigen Vertrauen einlassen kann.«[148]

Kommentar II

Hätte Küng recht, dann wären die religiösen Erfahrungen und Überzeugungen spezifische, das heißt anders nicht erreichbare Erfüllungen dieser primären, im Menschen angelegten religiösen Bedürfnisse. Würden solche Bedürfnisse verdrängt oder in einer sonstigen Weise grob abgewehrt, müßten, nach psychoanalytischer Auffassung, tatsächlich neurotische, psychosomatische oder gar psychotische Störungen die Folge sein. Küng meint denn auch, daß die charakteristische Neurose unserer Zeit nicht mehr auf verdrängte Sexualität zurückzuführen sei. Die Orientierungslosigkeit, Normenlosigkeit, Sinnlosigkeit und Leere, unter denen zahlreiche Menschen litten, könnten doch mit der Frustration der religiösen Bedürfnisse zu tun haben.

Nun verstehen Freud und die Psychoanalytiker nach ihm unter den ältesten, stärksten und dringendsten Wünschen der Menschen die Wünsche nach Schutz, nach Halt, nach Trost, nach Verzeihung, nach Gerechtigkeit, nach Aufhebung der Angst, nach Zuverlässigkeit, Dauer, Zuwendung und Liebe. Es handelt sich um elementare Wünsche, ganz stark, nie versiegend, mit unbedingtem Charakter, denn mit Ohnmacht, Schutzlosigkeit, Schuld, Angst, Hoffnungslosigkeit, Orientierungslosigkeit, ohne Zuwendung, Liebe und zuverlässige Beziehungen kann ein Mensch nicht leben. Ist er durch äußere oder innere Schicksale dazu gezwungen, wird er bis hin in die psychische Erkrankung um die Erfüllung dieser Wünsche, wenigstens in Kompromißlösungen, kämpfen.

Wenn Küng davon spricht, daß es »älteste, stärkste, dringendste« Wünsche gibt, die die »menschliche Wirklichkeit durchstoßen«, ja transzendieren wollen »hin auf eine letzte Tiefe und Unbedingtheit«, hin zur »Dimension des Absoluten«, des Ganzen; Wünsche nach »definitiver Sinnerfüllung im Leben und im Sterben«, nach »absoluter Gerechtigkeit«, nach »unbedingten Maßstäben«, nach einer »letzten geistigen Heimat«, einem »unendlichen Horizont«, einer »ewigen Verheißung«[149] – sind das spezifisch andere Wünsche als die, die Freud und die Psychoanalyse meinen? Oder drücken sie in philosophischer, religiöser und poetischer Begrifflichkeit lediglich die intensivsten Ausprägungen und idealsten Erfüllungen derselben Wünsche aus?

Das Problem läßt sich auf folgende Alternative bringen: Drängen primär religiöse Wünsche elementar auf Erfüllung? Oder erfüllt Religion elementare, primär aber nichtreligiöse Wünsche? Ich denke, daß das letztere der Fall ist. Die Religionen bieten Wunscherfüllungen für elementare menschliche Bedürfnisse an. Für viele Menschen sind diese Angebote sehr überzeugend und befriedigend, in der letzten Zeit scheinen sie an Überzeugungskraft zu verlieren. Die Wunscherfüllungen durch die Religionen stellen aber nur eine Möglichkeit dar. Dieselben Wünsche können auch anders erfüllt werden als durch Religion. Entgegen der Annahme Freuds hat sich meines Wissens nicht bestätigt, daß Menschen, die ohne Religion leben, kränker sind als religiöse Menschen.

Tausende von Psychoanalytikern, die seit Jahrzehnten jeweils Hunderte von Stunden mit gläubigen und nichtgläubigen Analysanden umgehen, konnten nicht entdecken, daß es elementare menschliche Bedürfnisse, gar Es-Regungen gibt, die sich von anderen elementaren Bedürfnissen durch ihren spezifisch religiösen Charakter unterscheiden. Das kann nicht daran liegen, daß Psychoanalytiker häufig Atheisten oder Agnostiker sind. Vielfach sind sie religiös aufgewachsen und wissen, was Religion ist und sein kann. Zumindest müßten gläubige Psychoanalytiker (nach der von Küng zitierten Studie immerhin 60 Prozent!) doch aufmerksam gemacht haben auf die von Küng vermuteten spezifisch religiösen Kräfte.

Nehmen wir aber noch einmal an, es gäbe die von Küng postulierten spezifisch religiösen Wünsche, die die Wirklichkeit transzendieren wollen auf eine ganz andere, die allererste und allerletzte Wirklichkeit hin – woher nimmt Küng das »vernünftige Vertrauen« darauf, daß die erlebten Wunscherfüllungen keine Illusionen sind? Er beruft sich auf existentielles Wissen, auf innere Wahrheit, auf ursprüngliche Einsicht, auf lebendige, genuine Religiosität, auf Glaubenserfahrungen sui generis. Vielleicht gibt es so etwas, und diese Worte sind nicht nur beschwörende Leerformeln. Aber wenn die Wahrheit der Religion nicht über der Vernunft steht, nicht nur innerlich verspürt, sondern auch begriffen werden muß, wie Küng versichert, wüßte man gerne Näheres über diese einzigartige Erkenntnisform und über die Qualität der mit ihrer Hilfe erkannten Wahrheit.

In einer Stellungnahme zum Entwurf dieses Kapitels korrigierte und präzisierte Küng seine Meinung. »Nicht durch eine besondere psychische Qualität unterscheiden sich religiöse Wünsche von anderen, sondern durch ihr ›Objekt‹. Wünsche sind nur dann spezifisch religiöse Wünsche, wenn sie in irgendeiner Form mit dem ›Bereich‹ des Absoluten oder Unendlichen zu tun haben ... Um religiöse Wünsche geht es erst dann, wenn es dabei zugleich um ›Gott‹, also um eine definitive Sinnerfüllung im Leben und im Sterben, wenn es um eine absolute Gerechtigkeit, transzendent begründete Maßstäbe und unbedingte Normen, wenn es um eine letzte geistige Heimat, einen eben nicht nur endlichen, sondern unendlichen Horizont, nicht nur um Verheißungen für diese Zeit, sondern für die Ewigkeit geht.«[150]

Das heißt, daß zunächst unspezifische Wünsche durch das Objekt eine spezifische Qualität erhalten. Das leuchtet ein. Jeder Wunsch erfährt ja durch das Objekt, an das er sich richtet, eine besondere Qualität im Sinne einer speziellen emotionalen Tönung. Diese entspricht den Vorstellungen, die der Wünschende mit dem Objekt beziehungsweise mit der Beziehung zu dem Objekt verbindet. Religiöse Wünsche stammen dann nicht aus primär religiösen Bedürfnissen (Es-Wünschen), sie erhalten ihre spezifische Qualität vielmehr sekundär dadurch, daß sie sich an ein unendliches, ewiges, unbedingtes, absolutes, letztes Objekt richten, auf dessen reale (extrapsychische) Existenz der Wünschende vertraut, ja dessen Dasein er eventuell glaubt erfahren zu haben.

Welche mögliche psychologische Implikationen sich mit derartigen Wünschen und Erfahrungen verbinden, werde ich im Teil III dieses Buches ausführlicher darstellen.

In der Verfolgung seiner an sich ja bedenkenswerten These bleibt Küng in der zweiten Hälfte seines Buches *Freud und die Zukunft der Religion* leider nicht auf seinem Niveau. Wenn er die Konzeption der Religion bei Carl Gustav Jung, Erich Fromm und Victor Emil Frankl der Konzeption von Religion bei Freud gegenüberstellt, versäumt er es, deutlich zu machen, daß diese Autoren von Prämissen ausgehen, die Freud gerade in Frage stellt, die Argumentationen also gar nicht miteinander kompatibel sind. Und wenn er am Ende des Buches eine Serie von Psychotherapieformen aufzählt, die er als »religionsoffen« charakterisiert, muß man fragen, ob die Tatsache, daß eine Therapieform »religionsoffen« ist, schon für ihre Qualität spricht.

Die Psychoanalyse ist grundsätzlich religionsoffen. Ich kenne keinen Analytiker, der die Religiosität seines Patienten nicht so ernst nehmen würde wie jede seiner Ideen, Meinungen, Überzeugungen, Weltdeutungen etc. Das wäre auch unanalytisch. Wohl wird der Psychoanalytiker die religiöse Überzeugung des Patienten, wie alles, was ihn beschäftigt, darauf hin befragen, ob und wie weit sie der Vermeidung von neurotischen Ängsten dient. Dagegen wird aber auch Küng keine Einwände haben.

Freuds Religionskritik, eine Unterschätzung des geistigen Potentials von Glaube?

Freuds Religionskritik »trägt durchaus ein gewisses Pathos von Auftrag und Bestimmung. Nicht die Hybris der eigenen Selbstherrlichkeit läßt ihn zum Religionskritiker werden, sondern die Verpflichtung demjenigen gegenüber, was Freud mythisch als Ananke oder, entmythologisiert, als die ›Realität außer uns‹ bezeichnen kann... Er kämpft nicht gegen die Religion, weil er gegen sie rebelliert, sondern weil sie ihm in den Gestalten, in denen er sie kennengelernt hatte, nicht das zu leisten vermag, wofür sie eigentlich da ist«, schreibt Scharfenberg, Theologe und Psychoanalytiker.[151] Er nimmt damit die Einschätzung Pfisters (1928) und Schreibers (1967) wieder auf.

Wofür ist Religion denn da? Freud meint, daß jede Religion drei Aufgaben zu erfüllen hätte: die der Belehrung, die der Tröstung, die der Anleitung. Laut Freud können die Religionen diese Aufgaben aber nicht lösen, ohne den Wert des Lebens herabzudrücken, das Bild der realen Welt zu entstellen und die Intelligenz aufs heftigste einzuschüchtern. Dem stellt Freud seine Überzeugung gegenüber, daß die Wissenschaft die drei Aufgaben besser, wenn auch nüchterner und weniger tröstlich, zu lösen vermag.

Scharfenberg geht der Frage nach, wie sich die christliche Religiosität verändern würde, wenn man Freuds Kritik berücksichtige. Er stellt sich die Aufgabe zu prüfen, »ob die kritische Sonde, die Freud an das religiöse Phänomen anlegt, dem christlichen Glauben jede Existenzberechtigung« nimmt »oder ob sie nicht vielmehr Zerrbilder trifft... Es könnte sein, daß Freuds Kritik in Wahrheit mithilft, den Glauben von den Verzerrungen seines pathologischen Doppelgängers zu befreien.«[152] Wie sähe ein so »befreiter« Glaube denn aus? Scharfenberg entwirft das Bild eines solchen Glaubens für drei Aspekte der christlichen Religiosität, nämlich für den Umgang mit dem

Gewissen, für den Umgang mit den Glaubensinhalten und für den Umgang mit der Glaubensentwicklung.

Eindrucksvoll gelingt Scharfenberg die Darstellung eines Umgangs mit dem Gewissen, der wohl auch Freuds Zustimmung bekäme. Er erinnert zunächst daran, daß man Freud und sein Lebenswerk immer wieder und mit großer Hartnäckigkeit für den Sittenverfall und die moralische Verderbnis unserer Zeit haftbar gemacht hat. Dies mutet auf den ersten Blick absurd an. Freuds Lebensstil und seine Lebensführung sind die eines bürgerlichen Moralisten. Entgegen weitverbreiteter Mißverständnisse hat die Psychoanalyse niemals der Entfesselung der Triebe das Wort geredet, sondern im Gegenteil gemahnt und gewarnt: »Wenn die Psychoanalyse den Vorschlag macht, mit der Strenge der Triebverdrängung nachzulassen, dann selbstverständlich nur, um der Wahrhaftigkeit mehr Raum zu lassen.«[153] Tatsächlich geht es in der Psychoanalyse ja darum, die Angst vor Triebregungen zu verlieren, sie innerlich angstfrei zuzulassen, sie abwägen und wählen zu können, wie man mit ihnen umgeht, nicht darum, sie einfach auszuleben.

Auf den zweiten Blick aber muß man einräumen, daß die Kritiker etwas Zutreffendes wahrgenommen haben. Freud kritisiert nicht die moralischen Inhalte. Ja, er war sogar der Meinung, eine neue Moral werde auch nichts anderes fordern müssen als die alte. Freuds Kritik setzt tiefer an. Ihm geht es um die Begründung der Moral. Scharfenberg: »Seit Immanuel Kant den kategorischen Imperativ formuliert hatte, wurde im Gewissen immer wieder so etwas wie eine Stimme Gottes gesehen, und noch Martin Heidegger hat das Gewissen zu einem nicht zu hinterfragenden heiligen Bezirk gemacht, aus dem es ›im Modus des Schweigens‹ rufe. So steht auch heutiges Denken in der Gefahr, das Gewissen zu einer Oase der Überzeitlichkeit inmitten der geschichtlichen Existenz des Menschen zu machen. Im Gegensatz dazu unternahm Freud so etwas wie eine kritische Destruktion des Gewissens als eines überzeitlichen Absolutums, indem ihm die Aufklärung des Gewissensphänomens in seiner geschichtlichen Bedingtheit und Gewordenheit ein gutes Stück weiter gelang, als es vor ihm möglich war oder ratsam erschien.« Anders ausgedrückt: Die Annahme, daß die Stimme des Gewissens etwas nicht weiter Hinterfragbares sei und daß der Mensch seinem Gewissen wie einer Tabuvorschrift zu folgen habe, hält Freud für einen gefährlichen Irrtum. »Nicht die Frage, ob man sich in bestimmten Situationen so oder so verhalten solle, interessiert Freud, sondern das Problem des Gehorsams der ungeprüften Autorität gegenüber.«[154]

Freud führt vor, wie das Gewissen erst langsam entsteht. Das moralische Verhalten entwickelt sich aus der Strafangst, aus der Angst vor Objektverlust oder Liebesverlust heraus. Die elterlichen Normen und Werte werden eingehalten, weil die Eltern dies verlangen. Entgegen früherer Annahmen der Psychoanalyse wissen wir heute, daß Vorstellungen von Gut und Böse schon früh verinnerlicht und zu Vorläufern des Überichs beziehungsweise des Gewissens werden. Diese Vorläufer des Gewissens sind aber dadurch gekennzeichnet, daß die Verinnerlichung noch nicht stabil ist. Das Kind gehorcht aus einer Mischung von eigenem Urteil und Strafangst. Erst etwa im sechsten, siebten Lebensjahr, im Zusammenhang mit der Auflösung des Ödipuskomplexes, erfolgt die endgültige Verinnerlichung der Normen und Werte und der richtenden beziehungsweise wertenden Instanz. Das so entstandene Ichideal/Überich-System ist nach Freud »die Vertretung aller moralischen Beschränkungen, der Anwalt des Strebens nach Vervollkommnung, kurz, das, was uns von dem sogenannten Höheren im Menschenleben psychologisch greifbar geworden ist«.[155]

»Damit werden die Gewissensphänomene in die Geschichtlichkeit menschlicher Existenz hineingenommen. Sie sind die geschichtlichen Niederschläge geschichtlicher Kräfte, nämlich der Erziehungsmächte, mit denen sich der Heranwachsende identifiziert hatte. Ein ursprüngliches, sozusagen natürliches Unterscheidungsvermögen für Gut und Böse wird abgelehnt, die eigentlich bewegende Kraft des Gewissens ist die ursprünglich dominierende Angst vor dem Liebesverlust.«[156]

Die Angst vor dem Liebesverlust wird abgelöst von der Angst vor den Gewissensbissen, den Schuldgefühlen.

Die Chance dieser Internalisierung besteht darin, daß in der weiteren Entwicklung das Kind die zunächst unbefragt und wie im Tabugehorsam völlig selbstverständlich übernommenen Ideale und Verbote der Eltern an der Lebenserfahrung, am Umgang mit den Normen und Werten anderer Menschen reflektieren, modifizieren und der Einsicht in ihre Begründung und ihre Angemessenheit unterwerfen kann. Idealerweise folgt man seinem Gewissen als gereifter Mensch nicht blind, sondern weil man seinen Maßstäben und Forderungen aus guten Gründen auch zustimmen kann. Was Freud an den Religionen bekämpft, ist der Tabugehorsam moralischen Normen gegenüber, die von den Religionen mehr oder weniger starr dogmatisch gesetzt und gefordert werden. Demgegenüber erwartet Freud die Gründung der ethischen Entscheidung auf die Einsicht. Freud verlangt für die Ethik also andere als religiöse Begründungen. Mit der Loslösung der Ethik von der Religion würde auch »die Starrheit und Unwandelbarkeit dieser Gebote und Gesetze fallen. Die Menschen könnten verstehen, daß diese geschaffen sind, nicht so sehr um sie zu beherrschen, sondern vielmehr um ihren Interessen zu dienen.«[157]

»Merkwürdig« findet Scharfenberg, daß Freud keinen Zweifel daran hat, daß die Ethik, die sich vernunftgemäß durch den Primat des Intellekts ihre Ziele setzt, inhaltlich identisch wäre mit der religiös begründeten Ethik. Er stellt fest, daß Freud an diese Frage »keinen Gedanken verschwendet«. Hätte er das getan, wäre ihm doch »aufgegangen, daß seine Religionskritik den Glauben nicht ins Herz trifft, sondern vielmehr hinter den religiösen Phänomenen eine Sache sichtbar werden läßt, der auch er sich nicht entziehen kann«.[158] Hier liegt allerdings ein Irrtum vor, auf den ich im Kommentar eingehen werde.

Scharfenberg erinnert daran, daß das Ziel der Psychoanalyse darin besteht, dem Ich des Patienten die Freiheit zu schaffen, sich so oder anders zu entscheiden. Das bedeutet, daß der Analytiker strikt der Versuchung widerstehen muß, dem Patienten gegenüber die Rolle des Propheten, des Seelenretters, des Heilands zu spielen, ihn zu seinem Leibgut zu machen, sein Schicksal für ihn zu formen, ihm seine Ideale aufzudrängen und ihn zu dem Ebenbild zu gestalten, an dem er sein Wohlgefallen hat. Scharfenberg meint, daß die Rolle, die Freud dem Analytiker im analytischen Prozeß zugedacht hat, vorbildhaft werden könnte für alle Erzieher, Helfer, Berater und Seelsorger, die die ihnen Anvertrauten zu ethischen Entscheidungen hinzuführen haben. »Sie würden sich dann selber nur als ein ›katalytisches Ferment‹ verstehen und es der Situation selber zutrauen, daß in ihr sich Lösungsmöglichkeiten enthüllen, an die keiner von beiden Partnern zu Beginn der dialogischen Beziehung gedacht hat. Das Gespräch würde so zur Fundstelle der ethischen Entscheidung und die Ethik selber ihres zwanghaften, unfrei machenden Tabucharakters entkleiden.«[159] Das wäre dann eine Ethik, die sich nicht aus moralischen Postulaten herleitet, sondern aus einer Einsicht, die in einem behutsamen, den Partner nicht vergewaltigenden Dialog entstünde.

Freud hat mit großer Deutlichkeit betont, daß es keine Ausrottung des Bösen, keine Auslöschung asozialer Triebe geben kann. Auch verdrängte Triebregungen bleiben im Unbewußten virulent und drängen auf Abfuhr. Absoluter Verzicht ist psychologisch unmöglich, der Wunsch nach Befriedigung kann nur abgelenkt und auf andere Ziele gerichtet werden. Für diese psychische Leistung schuf Freud den Begriff der Sublimierung. Unter Sublimierung versteht er die Verschiebung des Triebziels auf sozial akzeptierte Objekte beziehungsweise Tätigkeiten. Äußerer Zwang oder die reine Forderung der Gesellschaft nach guten Handlungen erscheinen Freud solange sinnlos, als man nicht die Triebhaftigkeit vieler Strebungen anerkennt und ihr in geeigneter Weise insofern Rechnung trägt, als man Sublimierungsmöglichkeiten schafft.

Für den Theologen bedeutet das, daß es nicht darum gehen kann, einfach zu mahnen, zu warnen und Verzicht beziehungsweise Unterdrückung zu fordern, sondern nach Möglichkeiten zu suchen, die asozialen Triebregungen auf sozial akzeptierte

Befriedigungsmöglichkeiten umzulenken. Das ist am besten möglich, wenn man alles fördert, was Gefühlsbindungen unter den Menschen herstellt.

Dies leitet über zu der Frage, die auch Freud in den letzten Jahren seines Lebens immer wieder beschäftigt hat, wie es nämlich möglich sein könne, die Kräfte des Eros gegenüber den Kräften der Destruktion zu stärken. Psychoanalytisch gesehen geht dies nur dadurch, daß die verschütteten Kräfte des Eros befreit werden. Die Zukunft der Menschheit sieht Freud nicht darin, sich vom Bösen abzuwenden oder es zu bekämpfen, sondern darin, daß man die Liebe als Mittelpunkt des Lebens zu nehmen versucht und »alle Befriedigung aus dem Lieben und Geliebtwerden erwartet«. Freud hält diese »auf den Glückswert der Liebe gegründete Lebenstechnik« für so bedeutsam, daß er meint, darüber sei noch viel mehr zu sagen.[160] Und in der Tat verschwindet das Thema aus seinen Werken und Äußerungen in seinem letzten Lebensjahrzehnt nicht mehr. Jones gegenüber äußerte er, sein gesamtes Lebenswerk könne unter dem Stichwort »Heilung durch Liebe« verstanden werden.[161] Aus dieser Haltung heraus ertrug er auch sein schweres körperliches Leiden, nahm Verfolgung und Verachtung auf sich und bewahrte sich bis ins hohe Alter seinen Humor. Die gesamte Kultur sei, so Freud, »ein Prozeß im Dienste des Eros, der vereinzelte menschliche Individuen ... zu einer großen Einheit, der Menschheit, zusammenfassen« wolle.[162]

Wie ein »befreiter« Umgang mit den Glaubensinhalten aussehen könnte, leitet Scharfenberg mehr theoretisch ab, als daß er ihn praktisch illustrierte. Freud hat die religiösen Vorstellungen zur verständlichen Empörung der Theologen als Illusion und manchmal gar als Wahn bezeichnet. Wie sollte ein im Sinne Freuds »befreiter« Gläubiger anders mit ihnen umgehen, als sie als Unsinn zu verwerfen? Scharfenberg macht darauf aufmerksam, daß diejenigen, die an dem Stichwort »Wahn« Anstoß nehmen, noch an den Vorstellungen der alten Psychiatrie hängen und übersehen, daß Freud auch hier einen grundsätzlichen Wandel geschaffen hat. Freud versteht unter wahnhaften

Gestaltungen durchaus sinnvolle Reaktionen der Psyche, die unter bestimmten Bedingungen zustande kommen und unter anderem durch folgende Charakteristika gekennzeichnet sind:

»Der Wahn ist keine Erkrankung der Psyche, sondern deren Selbstheilungsversuch. Er kommt zustande als Reaktion darauf, daß dem Ich Objektbeziehungen zerstört wurden oder verloren gingen.« – »Der Kranke lebt so in einer besonderen Welt, in welcher nur die ›neurotische Währung‹ gilt, das heißt, das intensiv Gedachte, mit Affekt Vorgestellte ist bei ihm wirksam, die Übereinstimmung mit der äußeren Realität aber nebensächlich.« – »Wahnhafte Gebilde entstehen durch eine bestimmte Spracheigentümlichkeit, wenn nämlich eine Wortvorstellung wie eine Sachvorstellung behandelt wird, wenn ein sprachlicher Ausdruck, den wir symbolisch verstehen, wörtlich genommen wird, und so der ›Stich ins Herz‹ oder der ›Schlag ins Gesicht‹ bei einer verletzenden Anrede wie eine reale Begebenheit empfunden wird.«[163]

Freud kritisiert mit dem Stichwort »Wahn« also religiöse Lebensäußerungen, »die den Kontakt mit ihrer eigenen Wirklichkeit verloren und sich in einen speziellen Wirklichkeitsbereich zurückgezogen haben, in dem nur die ›religiöse Währung‹ gilt, und die Symbole ›literalistisch‹ mißverstehen, indem sie sie wortwörtlich zu nehmen versuchen«.[164] Freud versteht also religiöse Lebensäußerungen als mythische Gebilde, die, wörtlich verstanden, unhaltbar sind, denen man aber Unrecht zufügt, wenn man sie einfach nur als Unsinn verwirft.

Die Psychoanalyse hat entdeckt, daß Neurosen und Psychosen ähnlichen Gesetzen gehorchen wie Träume, Märchen, Sagen und Mythen. In ihnen stellt sich etwas dar, was aus den Kinderjahren des Einzelmenschen oder der Menschheit stammt. Methodisch gewendet heißt das, daß grundsätzlich unterschieden werden muß zwischen den manifesten Gestaltungen des Mythos, die durch systematische Entstellung im Laufe der Mythenentwicklung gebildet wurden, und seinen latenten und ursprünglichen Gedanken. Der Vorgang der Entstellung muß in der Deutung rückgängig gemacht werden. So kann man Kindheitserinnerungen mit Hilfe von Motiven aus Mythen deuten, und umgekehrt kann man die Rätsel der Mythen durch Berücksichtigung des infantilen Erlebens entschlüsseln.

Freud ist weit entfernt davon zu meinen, die mythische Vorstellung löse sich unter der Deutung gleichsam in Nichts auf. »So wenig er in ihnen Wahrheit im wissenschaftlichen Sinne, also Niederschläge der Erfahrung und Resultate des Denkens zu sehen vermag, so sehr versuchte er, in ihnen andererseits eine Form der Wahrheit zu finden.«[165] Der entscheidende Satz über die Religion heißt bei Freud: »Soweit ihre Entstellung reicht, darf man sie als Wahn bezeichnen, insofern sie die Wiederkehr des Vergangenen bringt, muß man sie Wahrheit heißen.«[166] Was aber ist die verborgene Wahrheit der Religionen?

Hinter den religiösen Mythen eine metaphysische Wahrheit anzunehmen, konnte Freud sich nicht entschließen. Es wäre zwar praktisch, anzunehmen, die Idee des einzigen Gottes habe deshalb so überwältigend auf die Menschen gewirkt, weil sie ein Stück der ewigen Wahrheit ist – aber das läßt Freuds Skepsis nicht zu: »Es hat sich sonst nicht feststellen lassen, daß der menschliche Intellekt eine besonders feine Witterung für die Wahrheit besitzt«,[167] und so biegt er in eine Richtung ab, die er mit dem Stichwort »historische Wahrheit« bezeichnet. Scharfenberg konstatiert dagegen, Freuds Wahrheitsbegriff habe »eine ontologische Struktur«,[168] ohne daraus allerdings erkennbare Folgerungen zu ziehen.

Kann sich der Glaube eines einzelnen und der Glaube einer Religionsgemeinschaft verändern? Kann er infantile Wunschvorstellungen verlassen und in einer Progression der Geistigkeit sich einer verborgenen Wahrheit – sei sie metaphysischer, sei sie historischer Art – nähern? Und würde ein »befreiter« Glaube diese Entwicklung nehmen? So fragt Scharfenberg weiter. Daß es eine solche Entwicklung gibt, beschreibt Freud selbst. Bei seinen Studien zur Wahrheit der Religion ist ihm aufgefallen, daß es unter den religiösen Manifestationen zwei verschiedene Strukturen gibt. Die eine greift in immer neuen Wiederholungen stets auf das Alte zurück, um es zu erneuern, die andere ist auf Zukunft gerichtet, auf Fortschreiten und Sublimieren. Sie kann Glaubensgeschichte stiften. Scharfenberg: »Als den Prototyp der ersten, ungeschichtlich-regressiven Struktur sieht Freud die Totemreligion an. Das Schuldbewußtsein der Söhne, die den Vater erschlugen, wird hier nicht zu einem schöpferischen, geschichtsmächtigen, sondern es kann nur im Zwang eines stets wiederholten Kreislaufes es zur Pflicht machen, das Verbrechen des Vatermordes in der Opferung des Totem-Tieres immer wieder von neuem zu wiederholen.« Überall dort, wo Freud in religiösen Manifestationen auf solche Elemente des Wiederholungszwanges stößt, vermutet er denselben Mechanismus am Werk und spricht von Zwangsneurose. Der eigentliche Sinnzusammenhang ist verloren, vergessen, verdrängt, unbewußt. Die progressiven Kräfte sind blockiert. Zukunft kann sich nicht ereignen. Solche Religionen haben dann »einen averbalen, antiaufklärerischen Affekt« und sichern »ihr Fortbestehen dadurch, daß sie den Kindern die religiösen Lehren in einer Zeit zuführen, da sie weder Interesse für sie haben noch die Fähigkeit, ihre Tragweite zu begreifen«.[169] Ihr Trost liegt in der Wiederkehr des immer Gleichen. Ein Trost, der aber Sicherheit, Zuverlässigkeit, Zeitlosigkeit und ähnliches symbolisiert und in seiner psychologischen Bedeutung nicht zu unterschätzen ist.

In Freuds Darstellungen der religiösen Erscheinungsformen finden sich aber auch Züge, die ausgesprochen entwicklungsfördernde Kraft haben. Man findet sie zum Beispiel schon in der Umwandlung der Vaterhorde in eine Brudergemeinschaft. Man findet eine solche zukunftsweisende Entwicklung auch in der Mosesgestalt, die sich von ihrer Höhe herabläßt und sich zu den Kindern Israels begibt. Das ist ein Zug, der gegenüber der Totemreligion neu ist. Die christliche Deutung, daß Jesus als Sohn Gottes sein eigenes Leben opferte, um die Brüderschar von der Erbsünde zu erlösen, ist wiederum ein Entwicklungsschritt, eine Progression in den religiösen Vorstellungen, der gegenüber Freud die jüdische Religion als »Fossil«[170] bezeichnete.

Freud war aber in dem Schema des Vatermordes und der Sühne für diese Tat so befangen, meint Scharfenberg, daß er den Gedanken der Progression in den Religionen nicht weiter verfolgte. Freud sah eine Progression in der Geistigkeit und in der Hinwendung zur Wahrheit nur im Verzicht auf die kindlichen Fixierungen der Religion zugunsten einer Erziehung zur Realität, wie er sie lediglich in der Wissenschaft ernstgenommen fand. »Daß dies alles auch innerhalb eines Glaubensbereiches liegen könnte, erscheint Freud unfaßbar. Wenn sich der Gläubige zur Unterwerfung unter Gottes unerforschlichen Ratschluß bereitfindet, so meint er lakonisch, dann könne er sich eigentlich den Umweg über die Religion ersparen. Auch hier müssen wir konstatieren, daß eine Dimension und Möglichkeit des Glaubens an Freud vorübergegangen ist, einfach weil er sie nicht kannte und nicht für möglich halten konnte.« Anders ausgedrückt, Freud konnte sich eine erwachsene Form des Glaubens nicht vorstellen. »Es hätte eine Form des Glaubens sein müssen, die von der Unfreiheit des Tabugehorsams zur Freiheit einer Verantwortung durch Einsicht fortgeschritten wäre, ein Glaube, der die Wirklichkeit nicht wahnhaft entstellt und der vor allem keiner ungeschichtlichen Metaphysik der Seele verhaftet bliebe, der sich auch kein Recht zur dogmatischen Erstarrung herausnähme, sondern mit Freud bereit wäre, den Weinberg immer wieder umzuackern.«[171]

Kommentar

Was die Anerkennung der Geschichtlichkeit des Gewissens bedeutet und welche Chancen diese Anerkennung der Gewissensentscheidung des einzelnen für den Umgang mit seinen Triebregungen und die Entfaltung seiner Liebesfähigkeit bietet, läßt sich leicht nachvollziehen. Der Gedanke, daß religiöse Vorstellungen nicht wörtlich, sondern als Metaphern, Mythen und in ihrer Gesamtheit als Symbole verstanden werden müssen, liegt einem Psychoanalytiker besonders nahe. Auf ihn werde ich im Teil III ausführlich zurückkommen. Daß es eine Entwicklung im Glauben des einzelnen und im Glauben von Religionsgemeinschaften gibt, ist nicht zu bezweifeln. Es stimmt allerdings skeptisch, daß die Wiederholung des Gleichen in den Religionen so überwiegt und die Annäherung an die eventuell verborgene Wahrheit so lange dauert.

Scharfenbergs Behauptung trifft aber nicht zu, daß Freud keinen Gedanken an die Frage verschwendet hat, wieso die vernunftgemäß begründete und die religiös begründete Ethik seines Erachtens inhaltlich identisch wären. In *Die Zukunft einer Illusion* schreibt er über religiöse Vorstellungen: »Denkt man sich ihre Verbote aufgehoben, man darf also jetzt zum Sexualobjekt jedes Weib wählen, das einem gefällt, darf seinen Rivalen beim Weib, oder wer einem sonst im Weg steht, ohne Bedenken erschlagen, kann dem anderen auch irgendeines seiner Güter wegnehmen, ohne ihn um Erlaubnis zu fragen, wie schön, welch eine Kette von Befriedigungen wäre dann das Leben! Zwar findet man bald die nächste Schwierigkeit. Jeder andere hat genau dieselben Wünsche wie ich und wird mich nicht schonender behandeln als ich ihn. Im Grunde kann also nur ein Einziger durch solche Aufhebung der Kultureinschränkungen uneingeschränkt glücklich werden, ein Tyrann, ein Diktator, der alle Machtmittel an sich gerissen hat, und auch der hat allen Grund zu wünschen, daß die Anderen wenigstens dies eine Kulturgebot einhalten: Du sollst nicht töten.«[172] Freud argumentiert also, die Ethik ohne Religion würde sich bilden nach dem Prinzip: »Was du nicht willst, das man dir tu, das füg auch keinem anderen zu.«

Die für unser Thema entscheidende Frage bleibt wohl, was Scharfenberg mit der ontologischen Struktur des Freudschen Wahrheitsbegriffes meint. Welchen »Weinberg« muß der von den Zerrbildern der Religion beziehungsweise ihrem pathologischen Doppelgänger befreite Gläubige »mit Freud immer wieder durchackern«? Wenn Scharfenberg eine »ungeschichtliche Metaphysik der Seele« ablehnt, hat er dann eine geschichtliche Metaphysik der Seele oder eine geschichtliche Metaphysik unabhängig von der Seele oder gar keine Metaphysik im Sinn? Und was meint er mit der »Sache hinter den religiösen Phänomenen, der auch Freud sich nicht entziehen kann«, wenn es um die Begründung der Ethik geht?

Scharfenberg beantwortet die Frage nach der Qualität der hinter den religiösen Phänomen verborgenen Wahrheit nicht klar. Man kann nur vermuten, daß der Theologe hinter Formulierungen wie »ontologische Struktur der Wahrheit«, »Dimension und Möglichkeit des Glaubens«, die Freud nicht kannte, oder der »Sache hinter den religiösen Phänomenen« nicht die historische Wahrheit Freuds oder die Wahrheit der erfüllten Wünsche meint. Daß Glaube ein spezifisches geistiges Potential besitzt, mag Freud unterschätzt haben. Er würde es aber auch kaum bezweifeln.

III Eigene Überlegungen

Resümee

Sichtet man Freuds Thesen über die psychische Genese von Religion beziehungsweise Religiosität und streicht man davon alles, was sich über die Jahrzehnte nicht halten ließ, bleiben doch einige gewichtige Beobachtungen und Überlegungen, die mehr oder weniger für alle Religionen gelten und zu Deutungen herausfordern. Da sind die elementaren Wünsche nach Belehrung, Trost und ethischer Anleitung angesichts der Bedrohtheit und der Hilflosigkeit des Menschen; da sind die nur scheinbar vorreligiösen Phänomene der Magie, von Tabu und Mana (im Sinne einer besonderen spirituellen Kraft); da sind die Vaterreligionen mit ihrem Schwanken zwischen Vatersehnsucht und Sohnestrotz.

Allen diesen Phänomenen zugrunde liegt das elementare Bedürfnis nach Rettung aus Ohnmacht, Kleinheit, Unvollkommenheit, Abhängigkeit, Unsicherheit und der dringende Wunsch nach eigener Macht, Größe, Vollkommenheit, Unabhängigkeit, Sicherheit durch Teilhabe an solchen Eigenschaften eines über alle Nöte erhabenen Wesens, wenn nicht durch Übernahme dieser Eigenschaften für sich. Freud konnte sich nur vorstellen, daß der Retter aus dieser Not, der Garant für solche Vollkommenheit ein Vater(-Gott) sein müßte. Das hat viele Autoren verwundert. Ist nicht die erste schutzgebende Gestalt im Leben des Kindes die Mutter? Freud räumte zwar ein, daß die Urgottheit eine Muttergottheit ist. Er tat sich mit diesem so naheliegenden Gedanken jedoch erstaunlich schwer.

Selbst dem von ihm verehrten Romain Rolland wich er aus, als der ihm am 5. Dezember 1927 auf seine Arbeit *Die Zukunft einer Illusion* hin sehr freundlich schrieb, daß seiner Meinung nach die »wahre unterirdische Quelle religiöser Energie« in einer »Empfindung des Ewigen«, in einem »ozeanischen« Gefühl liege,[173] also nicht in einer Vatersehnsucht, sondern in der »Wiederherstellung des uneingeschränkten Narzißmus«, den das Kind primär mit der Mutter erlebt.[174] Zwar überlegte Freud, »dies Eins-sein mit dem All... spricht uns ja an wie ein erster Versuch einer religiösen Tröstung, wie ein anderer Weg zur Ableugnung der Gefahr, die das Ich als von der Außenwelt drohend erkennt«. Es sei ihm aber »sehr beschwerlich..., mit diesen kaum faßbaren Größen zu arbeiten«. Er spricht von Nebel, der diese einstweilen verhülle, und endet mit der Warnung: »Es drängt mich ... mit den Worten des Schillerschen Tauchers auszurufen: ›Es freue sich, wer da atmet im rosigen Licht‹.«[175]

Welche Schrecken der Tiefe mußte Freud da vermeiden? Welchen psychischen Ungeheuern glaubte er, sich entziehen zu müssen? »Er, der sein Meisterwerk, die ›Traumdeutung‹, mit dem kühnen Ausspruch eingeleitet hatte: ›Flectere si nequeo superos, acheronta movebo‹ – er zaudert, als es darum geht, die undeutlichen Gefühlszustände der Mutter-Kind-Beziehung zu erforschen.«[176]

Martin Wangh macht an vielen Belegen aus der Biographie Freuds deutlich, daß Freud hier an ein unbewältigtes neurotisches Problem stieß. Freud spürte es selbst. In seiner Arbeit *Über die weibliche Sexualität* (1931) schreibt er: »Alles auf dem Gebiet dieser ersten Mutterbindung erschien mir so schwer analytisch zu erfassen, so altersgrau, schattenhaft, kaum wiederbelebbar, als ob es einer besonders unerbittlichen Verdrängung erlegen wäre.«[177] Freud mußte die Bedeutung der frühen Mutter-Kind-Beziehung nicht nur bezüglich religiöser Gefühle, sondern auch bezüglich anderer Zusammenhänge so relativieren, weil ihm vor einer Entdeckung und Bloßlegung starker feindseliger Gefühle gegen seine sehr dominante Mutter graute.

Das mag auch der Grund dafür gewesen sein, daß Freud die Phänomene des Narzißmus, der narzißtischen Objektbeziehungen und ihrer Schicksale in der späteren Entwicklung schon 1914 eingeführt hatte, sie aber später nicht in seine Metapsychologie integrierte. Die Bedeutsamkeit des Narzißmus für die Psychologie der Religiosität erschloß er zwar intellektuell, konnte sie aber emotional nicht ernst nehmen und keine Folgerungen daraus ziehen. Was Freud bei sich abwehren mußte, war demnach nicht die Religiosität an sich, sondern die ihr zugrundeliegenden Gefühle und Erlebnisweisen, die in der frühen narzißtischen Beziehung des Kindes zur Mutter wurzeln und ihm tatsächlich aus neurotischen Gründen nicht zur freien Verfügung standen. So blieben seine Deutungen von Religion beziehungsweise Religiosität zäh am ödipalen Konfliktmuster hängen, auch als andere Psychanalytiker schon begonnen hatten, auf die Spezifität und Bedeutsamkeit der präödipalen Probleme des Kindes mit seiner Mutter hinzuweisen.[178]

Religiosität und Beziehung[179]

Mich beschäftigt seit dreißig Jahren psychoanalytischer Praxis die Beobachtung, daß selbst in Langzeitanalysen von religiösen Erfahrungen beziehungsweise religiösem Erleben sehr selten und wenn, dann sehr wenig die Rede ist. Diese Beobachtung habe nicht nur ich in meinen Analysen und Analysen-Supervisionen gemacht. Sie wird von ungezählten anderen Analytikern bestätigt. Für diesen Umstand bieten sich zunächst banale Erklärungen an: Die meisten Analysanden sind areligiös, auch wenn sie formal vielleicht noch einer Kirche angehören. Oder ihre Religiosität ist von einer Art, die mit religiöser Erfahrung im Sinne eines Zuganges zu einer letzten Wirklichkeit, zu Gott, zum Heiligen, zur Transzendenz nichts zu tun hat.[180]

Aber auch bei Analysanden, die sich als religiös bezeichnen und religiöse Erfahrungen für sich beanspruchen, begegnet man als Analytiker einer merkwürdigen Scheu, darüber Näheres zu berichten. Nun gilt diese Beobachtung ja nicht nur für die Psychoanalyse. Auch im Alltag gilt Religion als Privatsache – außer bei denen, die aus professionellen Gründen ihren Glauben offenlegen. Bei solchen Menschen habe ich den Eindruck, daß sie die Scheu überspringen und ins Gegenteil verkehren, nämlich ins Verkündigen.

Die Scheu in der Analyse könnte damit zu tun haben, daß Analysanden die Gefahr fürchten, von dem eventuell nichtgläubigen Analytiker verlacht oder doch nicht ernst genommen zu werden. Sollte es einen solchen Analytiker geben, wäre er ein schlechter Analytiker. Die psychoanalytische Methode verlangt gerade das unbedingte Ernstnehmen des Patienten, und die psychoanalytische Theorie ist offen für alle denkbaren psychischen Phänomene, selbstverständlich auch für religiöse Erfahrungen und Überzeugungen. Für mich persönlich, der ich diese Scheu ja auch beobachte, gilt diese Gefahr gewiß nicht. Mich haben die religiösen Erfahrungen und Überzeugungen meiner Patienten stets interessiert. Ich habe aber beobachtet, wie ich auf Glaubensäußerungen von Patienten meinerseits mit Scheu reagierte. Diese Scheu hat meines Erachtens nichts mit Angst vor den Phänomenen des Glaubens zu tun, sondern mit dem Taktgefühl, daß ich auch sonst im Umgang mit gläubigen Menschen beobachte.

Wie reagiert man üblicherweise auf Glaubenszeugnisse anderer Menschen? Man hält sich zurück, möchte ihnen nicht zu nahe treten, verzichtet darauf, sie mit neugierigen Fragen zu bedrängen. Stellt man doch Fragen, sind die Auskünfte selten befriedigend. Mit feinem Lächeln oder Zeichen der Verlegenheit bekommt man etwa zur Antwort, da sei etwas, das nicht mitteilbar, allenfalls vage zu umschreiben sei. Man müsse es selber spüren, jedes Wort sei zu plump. Es sei eben ein Gefühl, das aber sei sehr präzise. Geht es tatsächlich um etwas Präverbales, um ein Erleben, vor dem Worte versagen?

Meine Vermutung ist nun, daß die Scheu des Gläubigen etwas mit dem Wesen der religiösen Erfahrung zu tun hat, ja daß diese Scheu uns wichtige Hinweise darauf gibt, welche psychische Vorgänge der religiösen Erfahrung zugrunde liegen, wenn denn die religiöse Erfahrung nicht schon in diesen psychischen Vorgängen besteht. Im folgenden werde ich versuchen, die Scheu des Gläubigen auf ihre möglichen psychologischen Hintergründe zu befragen.

Religion, so schwer sie bekanntlich zu definieren ist, hat jedenfalls etwas mit einer Beziehung zu tun, wie das Wort schon sagt. Es geht um die Beziehung zu etwas Letztem, Absolutem, Unbedingtem, Transzendentem, das meist mit Gott oder dem Heiligen bezeichnet wird. Auch wo man sich Gott nicht als Person vorstellt, geht es doch um ein höheres Wesen oder eine Idee, zu der der Mensch in Beziehung treten kann und soll. Die Scheu des religiösen Menschen, so meine These, hängt damit zusammen, daß es sich bei der religiösen Beziehung um eine besonders schutzbedürftige Beziehungsform handelt. Dazu dienen mir drei Beobachtungen, die für alle Religionsformen zutreffen dürften: erstens die Beschreibung religiöser Erfahrung, zweitens der hohe Idealismus des Gläubigen und drittens die Gemeinschaftsbezogenheit des religiösen Lebens.

Zur religiösen Erfahrung: Die religiöse Beziehung ist jedenfalls eine ganz besondere Beziehung in dem Sinne, daß es um die Beziehung zu etwas ganz Großem geht, an dessen Großartigkeit und Macht der Gläubige aber auch einen Anteil erhält. Er fühlt sich von Gott oder dem transzendenten Wesen angenommen, erhoben, ausgezeichnet, gehalten, erlöst, ja eventuell aufgenommen in ein beseligendes Einswerden mit ihm. Man kann verstehen, daß ein solches Beziehungserleben schwer mit rationalen Begriffen zu beschreiben ist, daß der Gläubige fürchten muß, nicht verstanden oder von Außenstehenden verspottet zu werden.[181]

Zum hohen Idealismus des Gläubigen: Die religiöse Beziehung ist eine Beziehung, in der das Beste und Höchste – was immer das jeweils sein mag – gefragt ist. Nicht nur das höchste Wesen vereinigt in sich ideale Eigenschaften (es ist ewig und unendlich, allgütig, allweise, allmächtig, gerecht etc.); es spornt den Gläubigen auch an, selber höchsten Idealen nachzustreben. In seinem Streben nach immer höherer Vollkommenheit weiß sich der Gläubige eins mit seinem Gott. Dieses Vollkommenheitsstreben unterliegt ebenfalls einer besonderen Scheu. Der Gläubige schämt sich seiner Verfehlungen, aber er rühmt sich nicht seiner Erfolge. Es scheint so, als sei die religiös-sittliche Beziehung von einer besonderen Intimität geprägt.

Zur Gemeinschaftsbezogenheit des religiösen Lebens: Auffallend erscheint mir, daß religiöses Leben eng an ein Gemeinschaftsleben geknüpft ist. So individuell religiöse Erfahrungen erlebt werden mögen, so fühlen sich Gläubige doch stark gedrängt, sich zu Gemeinden zusammenzuschließen. Vor allem dort wird religiöses Erleben gefeiert und bestätigt. Bedarf der Glaube einer Absicherung durch die Gruppe, oder wird er überhaupt in enger Verbindung mit der Gemeinde erfahren? Ist Glaube eher ein gruppenpsychologisches als ein individualpsychologisches Phänomen? Stammt daher der Satz: *Extra ecclesiam nulla salus?* Man kann einwenden, daß es aber doch eine private Religiosität gibt, die Religiosität etwa der Einsiedler, der Schamanen, der Mystiker. Aber ist nicht auch deren Religiosität eingebettet in eine Gesellschaft (eine Gruppe, einen Stamm, eine Gemeinschaft), die bereit ist, die religiösen Erfahrungen dieser Individuen ernst zu nehmen, ja zu bewundern?

Die beschriebenen Beziehungen zu dem höchsten Wesen, zu den persönlichen und gesellschaftlichen Idealen und zu den Glaubensbrüdern und -schwestern existieren millionenfach und sind nicht zu bezweifeln. Beziehungen wie zu dem höheren Wesen scheint es zwischen zwei Menschen normalerweise nicht zu geben, geschweige denn zwischen einem Menschen und anderen Lebewesen, unbelebten Dingen oder abstrakten Ideen. Ist es da nicht naheliegend, solche Beziehungen als überirdisch, übernatürlich, metaphysisch, transzendent oder ähnliches anzusehen? Als Begegnungen mit einer jenseitigen personalen oder ideellen Macht?

Dieser Annahme werde ich im Folgenden versuchsweise die These gegenüberstellen, die Beziehungsformen, die wir als typisch religiös beschrieben haben, seien nur scheinbar übernatürlicher Art, hätten vielmehr in frühkindlichen Beziehungen ihre Vorläufer, lägen in uns allen also mehr oder weniger verborgen und könnten unter bestimmten – keineswegs pathologischen! – Bedingungen wieder aktiviert und in das spätere Erleben integriert werden. Ich werde die Frage aufwerfen, ob religiöse Erfahrungen und mit ihnen viele religiöse Phänomene nicht durch diese These hinreichend erklärbar werden. Zur Erläuterung meiner These ein Exkurs in die Entwicklungspsychologie des Menschen.

Hinausgestoßen aus einem Zustand vermutlich überwiegenden psycho-physischen, aber natürlich unreflektierten Behagens im Mutterleib, wird das Neugeborene mit einer Welt des Neuen, Aufregenden, Fremdartigen, Störenden, Erschreckenden, Bedrohlichen, Angsterregenden konfrontiert. Dieser Welt ist es hilflos, ohnmächtig, schutzlos ausgesetzt. Es kann sich nur schreiend und strampelnd wehren und im Schreien und Strampeln seine panische Angst, seine blinde Wut, seinen ohnmächtigen Haß äußern. Gäbe es nicht physiologische Reizschutzmechanismen wie Müdigkeit, Erschöpfung und Schlaf, und gäbe es nicht das intensive Bemühen der Mutter um Beruhigung und Stillung des Babys, blieben nur psychisches Zerbrechen und verzweifelte Apathie. Zwar hat die neuere Säuglingsforschung gezeigt, daß der Säugling – anders als man früher angenommen hatte – schon in den ersten Tagen und Wochen zu lebhaften Interaktionen mit der Mutter fähig ist und daß diese Fähigkeiten seine Störbarkeit mindern, seine Reizverarbeitung fördern. Das heißt aber nur, daß der Säugling nicht ganz so schutzlos ist wie früher vermutet. Die Bedrohung durch das Chaos ist dadurch – wie man bei jedem Säugling ja beobachten kann – nicht etwa aufgehoben.

Die erste Begegnung mit der Welt ist also die Begegnung mit Frustration, Wut und Haß. Ich lasse in diesem Rahmen die umstrittene Frage außer acht, ob Wut und Haß als Frustrationsreaktionen ausreichend erklärt sind und ob man nicht annehmen muß, daß Frustration zusätzlich triebhaft aggressive, gar autodestruktive Potentiale weckt, die der Wut und dem Haß erst ihre besondere Qualität verleihen. Über Frustration, Wut und Haß lernt jedenfalls das Neugeborene erste Unterscheidungen zwischen Selbst und Objekten zu treffen. »Der Haß ist als Relation zum Objekt älter als die Liebe«, schreibt Freud.[182] Das kann nicht anders sein, denn das Objekt kann ja nur durch seine Andersartigkeit, Fremdheit und Widerständigkeit als solches erfahren werden (wie das Wort es etymologisch auch besagt). Daß dies so ist, läßt sich beobachten: nicht nur am verzweifelten Protest des Säuglings, sondern auch an der Reaktion der empathischen Mutter. Ihr unermüdliches, behutsames, geduldiges, fürsorgliches, besorgtes Eingehen auf das kleine Wesen entspricht ja der Wahrnehmung seiner Not und seiner Bedürfnisse. Indem sie sich komplementär zu dieser Not verhält, gelingt es ihr, Ruhe, Befriedigung und Stillung herbeizuführen. Ist ihr Bemühen erfolgreich, weist sie dem kleinen Menschenkind aber auch einen Weg hinaus aus der Bedrohung.

Erstens befriedigende Erfahrungen mit der Mutter, zweitens dunkle Erinnerungen an Zustände psycho-physischen Behagens im Mutterleib und drittens Flucht- beziehungsweise Wunschphantasien nach Sicherheit und Harmonie (als Reaktion auf die frustrierende Realität) führen zu einer Beziehungsform mit der Mutter, die Freud in *Zur Einführung des Narzißmus* (1914) den primären Narzißmus genannt hat. Darunter versteht Freud eine archaische, vorwiegend auf Verschmelzung, das heißt totale Identifizierung mit einem als ideal erlebten Objekt beruhende Beziehungsform. Sie ist zugleich eine Regression hinter die schon erreichte Selbst-Objekt-Differenzierung zurück.[183]

Lou Andreas-Salomé hat 1921 schon darauf aufmerksam gemacht, daß es sich bei dem, was Freud den primären Narzißmus genannt hat, um eine sekundäre Bildung handelt, die eine rudimentäre Selbst-Objekt-Differenzierung schon voraussetzt. Eine genauere Analyse von Freuds Ableitung des primären Narzißmus läßt erkennen, daß er, entgegen seiner erklärten Absicht, eine grandiose Selbstliebe darzustellen, nichts anderes als eine archaische Selbst-Objekt-Beziehungsform beschrieben hat.[184]

Entsprechend dem Entwicklungsstand des Säuglings handelt es sich um eine Beziehungsform, die vorwiegend auf der Identifizierung mit einem idealen Objekt beruht. »Böse«, also frustrierende, bedrohlich erlebte angst- und haßerregende Selbst- und Objektrepräsentanzen werden verleugnet beziehungsweise abgespalten und nach außen projiziert. »Gute«, das heißt befriedigende sowie Ruhe und Sicherheit gewährende Selbst- und Objektrepräsentanzen gehen eine rauschhaft-harmonische Verschmelzung miteinander ein. Selbst- und Objektgrenzen verschwimmen wieder. Sie können es auch gefahrlos tun, denn von der nur guten Mutter droht ja keine Gefahr. Mit dieser idealen Mutter erlebt und genießt das Kind ein inniges Miteinander, ein beseligendes Ineinanderfließen, es fühlt sich mit ihr eins. Und da die Mutter nicht mehr als umschriebenes, fremdes Objekt, sondern als Teil einer grenzenlosen Einheit erlebt wird, repräsentiert sie auch die ganze Welt, mit der sich das Kind eins fühlen kann in einem »Urerlebnis der Allteilhaftigkeit«,[185] des Grenzenlosen, der kosmischen Harmonie.

Die primärnarzißtische Beziehungsform ist eine Abwehrleistung gegen das drohende Chaos, gegen Wut und Haß. Das geht schon daraus hervor, daß Menschen auf schwere Kränkungen mit narzißtischer Wut reagieren. Im Deutschen sprechen wir treffend von »ohnmächtiger Wut«. Ohnmächtig deswegen, weil diese Wut aus Ohnmachtserfahrungen entsteht und weil sie so intensiv ist, daß man sich ihr gegenüber ohnmächtig fühlt. Obwohl sie also eine Abwehrleistung ist, stellt diese Beziehungsform doch eine allgemein menschliche Möglichkeit dar und gehört zur normalen und gesunden Entwicklung! In der Zuflucht zum primärnarzißtischen Erleben wird sogar eine Lösung für unerträgliche Ängste gefunden, die als Muster und als wiederbelebbare Möglichkeit zeitlebens erhalten bleibt.

Wenn wir in der Sprache der Religion von der Unio mystica, dem Einswerden mit Gott als Ziel aller Mystik, von der Versenkung im Gebet, vom Schoß der Mutter Kirche, von der ewigen Heimat, vom Paradies, von schlechthinniger Abhängigkeit (Schleiermacher) oder auch vom ozeanischen Gefühl sprechen (Romain Rolland), meinen wir damit nicht Erinnerungen und Erlebnismöglichkeiten, die uns aus früher Lebenszeit vertraut sind und unter besonderen Bedingungen neu erlebt werden können?

Solche Überlegungen stellte Freud schon 1930 an. Das »ozeanische Gefühl« sei die »Wiederherstellung des uneingeschränkten Narzißmus« und diene »zur Ableugnung der Gefahr, die das Ich als von der Außenwelt drohend erkennt«. Es lasse sich durch Yogapraktiken, nämlich durch Abwendung von der Außenwelt, durch Konzentration auf körperliche Funktionen, durch besondere Weisen der Atmung und ähnliches erwecken, die leicht als »Regressionen zu uralten, längst überlagerten Zuständen des Seelenlebens«[186] aufzufassen seien. Auf diese Weise entstünden vielleicht auch die Weisheiten der Mystik sowie Trance und Ekstase.[187]

Die primärnarzißtische Beziehung ist eine Beziehungsform, die vorwiegend durch Identifizierung entsteht. Das ist aber nur der eine Teil des Vorgangs, nämlich der Teil auf seiten des Säuglings. Die Beziehung wird ja vom primären Objekt auch angeboten, hergestellt und aufrechterhalten. Die Mutter lädt das Baby ein, sich bei ihr und mit ihr wohl zu fühlen. Das Kind wird im Rausch des Einsseins, im Gefühl von Behagen, Geborgenheit und Sicherheit Gefühle von Größe und Macht erleben und doch eine Ahnung davon bewahren, daß ihm diese Grandiosität von großartigen Objekten gewährt, behütet und geschenkt ist, bei aller Selbstverständlichkeit, mit der es sie genießt. Wenn wir in der religiösen Sprache von Gnade, von Erlösung, von der Kindschaft Gottes oder davon sprechen, daß wir in Gottes Hand sind – meinen wir damit nicht die Erfahrung, daß uns Größe, Macht, Verzeihung, Sicherheit und Geborgenheit von unseren primären Objekten einmal geschenkt wurde?

Es sei daran erinnert, daß die primärnarzißtische Beziehung das Ergebnis einer Realitätsverleugnung ist und bleibt. Die bedrohliche und ängstigende Welt der feindseligen und gehaßten (Teil-)Objekte und Selbstanteile ist ja nicht aufgegeben. Sie ist nur abgespalten und fortprojiziert. Sie droht – wenn auch günstigenfalls nur von ferne – jeden Augenblick wieder einzubrechen. Sie bricht auch immer wieder ein, wenn der selige Zustand gestört wird, was selbst unter günstigen Bedingungen ja unvermeidlich ist. Wenn die religiöse Sprache vom

Teufel, von der Macht des Bösen, von der Hölle, vom Reich der Sünde und von der Erbschuld spricht, meint sie damit nicht diese abgespaltene Welt, die uns heute noch erschreckt und die es manchen Menschen auch heute noch schwermacht, die Existenz des Teufels in das Reich der Märchen zu verbannen?

In der Erlösung von dieser abgespaltenen Welt liegt – falls meine These zutrifft – die Macht der primärnarzißtischen Beziehung, erkenntlich auch an der Überlebenskraft der Religionen und an den erstaunlichen Dingen, die Menschen zu glauben bereit sind: »Credo, quia absurdum.« In der Realitätsfremdheit der primärnarzißtischen Beziehung liegt aber deren Gefährdung. Sie ist leicht zu erschüttern. Mit wachsender Reifung und Entwicklung der emotionalen und kognitiven Fähigkeiten wird das kleine Kind die bedrohlich erlebte Realität zunehmend nicht mehr verleugnen und projizieren können, wird sein Paradies immer öfter und in zunehmendem Maße in Frage gestellt werden, werden die schmerzlichen Erfahrungen von Kleinheit, Ohnmacht, Getrenntheit und Abhängigkeit sowie die Gefühle von Angst, Wut, Haß und insbesondere Schuld nicht mehr zu übersehen sein.

Zerplatzt nun die Welt des primären Narzißmus eines Tages wie eine Seifenblase? Bricht die abgespaltene Welt des Bösen wieder herein? Das ist nicht der Fall und hat damit zu tun, daß das reifer gewordene Kind inzwischen über neue Erfahrungen und neue Fähigkeiten verfügt, aber auch damit, daß die Eltern sich noch jahrelang Mühe geben, dem Kind seine kleine Welt von relativer Großartigkeit und Vollkommenheit zu erhalten. Darüber hinaus ist der Mensch unfähig, auf eine einmal genossene Befriedigung zu verzichten, so daß Freud formulierte: »Die Entwicklung des Ichs [heute würden wir sagen: des Selbst] besteht in einer Entfernung vom primären Narzißmus und erzeugt ein intensives Streben, diesen wiederzugewinnen.«[188] Und dies gelingt den Menschen, indem sie »neue Welten der Vollkommenheit« (Heinz Kohut) entwerfen, die sie mit idealisierbaren Personen, idealisierbaren Zielen und idealisierbaren Gemeinschaften bevölkern.

Wie müssen diese neuen Welten der Vollkommenheit aussehen, damit sie primärnarzißtisches Erleben ersetzen beziehungsweise sich entsprechend dem fortschreitenden Entwicklungsstand des Kindes, des Jugendlichen und des Erwachsenen neu konstituieren können? Sie müssen in Beziehungen bestehen, in denen zwar nicht mehr Verschmelzung erlebt werden kann, in denen aber Identifizierungen vorherrschen; in denen nicht mehr Grandiosität und Allmacht genossen werden, wohl aber das Hochgefühl herausgehobener Bedeutsamkeit möglich ist; in denen vor allem aber die Ambivalenz ausgeschlossen ist. Unter Ambivalenz verstehen wir die deprimierende Tatsache, daß bei genauerem Hinsehen die Objekte unserer Beziehungen nicht nur faszinierend, sondern auch enttäuschend, nicht nur einladend, sondern auch erschreckend, nicht nur liebenswert, sondern auch abstoßend, kurz: nicht nur »gut«, sondern auch »böse« sind.

Der realistische Umgang mit dieser Erfahrung besteht darin, daß man sich Objekte wählt, bei denen das »Gute« überwiegt. Darüber hinaus lernt man, daß man dem Enttäuschenden und Bedrohlichen der Objekte auch nicht einfach ausgeliefert ist, daß man vielmehr durch Werben, Auseinandersetzen und eventuell Wiedergutmachen eine Beziehung zum »Guten« hin mitgestalten kann. In solchen Beziehungen haben leidenschaftliche Gefühle von Liebe und Haß ihren Platz, weil sie nicht ins Phantastische gehen, sondern in der Wechselseitigkeit aufgehoben bleiben. Beziehungen, die die Ambivalenz integrieren, bezeichnet die Psychoanalyse als realitätsgerechte oder objektale beziehungsweise objektgerichtete Beziehungen.

Neben der Möglichkeit, realitätsgerechte Beziehungen zu den Objekten der Umwelt einzugehen, gibt es für jeden Menschen auch die Möglichkeit, eine Art von Objektbeziehungen aufzunehmen, in denen die Ambivalenz ausgeblendet wird. Dies geschieht durch Verleugnung der störenden und durch Idealisierung der erwünschten Eigenschaften des Objektes. Diese Beziehungsform stellt sich rasch her, wird leicht, angenehm, rauschhaft, traumhaft erfahren. Sie orientiert sich vorwiegend am Erleben des Subjekts, weniger an der Realität des Objekts, weshalb Freud sie narzißtische Objektbeziehungen nannte. Diese Beziehungen sind nur zum Teil wechselseitig: Das Objekt wird vorwiegend (projektiv) idealisiert und dann identifikatorisch vereinnahmt.

Narzißtische Beziehungen sind keineswegs pathologisch! Das können sie werden, wenn die narzißtische Qualität der Beziehung zur starren Bedingung wird. Beispiele für narzißtische Beziehungen sind die Liebe auf den ersten Blick oder ein romantisches Naturerlebnis oder die rasche Idealisierung eines Menschen, der den Dialekt der eigenen Heimat spricht. Die Beispiele ließen sich beliebig vermehren. Das affektive Erleben der narzißtischen Objektbeziehung ist weniger leidenschaftlich als bewundernd, verehrend, lobend, preisend, anbetend, vergötternd. Fügt sich das Objekt den Erwartungen des Subjekts, entsteht ein Hochgefühl von gegenseitiger Bestätigung, herausgehobener Bedeutsamkeit, Selbstverständlichkeit und Einzigartigkeit wegen der anscheinenden inneren Übereinstimmung. Das kann realistisch sein, falls das Objekt zufälligerweise den in es hineingesetzten Erwartungen einigermaßen entspricht. Vielfach bleiben solche Beziehungen aber Wunschträume, da ideale Objekte sich über kurz oder lang als doch enttäuschend entpuppen. Vor dieser Enttäuschung kann man sich retten, indem man nach neuen idealen beziehungsweise idealisierbaren Objekten sucht, möglichst nach solchen, die unerreichbar und unüberprüfbar sind. Dann ist über lange Zeit eine ungestörte Beziehung möglich.

Wie sehen narzißtische Objektbeziehungen im Alltagsleben aus? Die Beziehungen des Kleinkindes zu seinen Eltern sind nicht nur, aber auch narzißtischer Art. Enttäuscht die ursprünglich als allmächtig erlebte Mutter, dann bietet sich der große, starke, mächtige Vater als Person der Bewunderung und der Identifikation an. Enttäuscht auch er, gibt es vielleicht den Onkel, den Nachbarn, den Lehrer, den Pfarrer, den Schlagersänger, den Schauspieler, den Spitzensportler und so weiter. Wir sprechen mit Recht von Idolen (Götterbildern) und spüren, daß Kinder und Jugendliche Idole brauchen. Ein nicht enttäuschendes Idol scheint Gott zu sein. Gottes Größe, Allmacht und Güte sind ja nicht durch Realerfahrung zu überprüfen. Tatsächliche Enttäuschungen kann der Gläubige stets uminterpretieren als »Gottes unerforschlichen Ratschluß«.

Die Ideale, die der einzelne zunächst übernimmt, sich dann ausgestaltet und sich zum erstrebten Ziel macht, sind wohl die reinste Form narzißtischer Objekte. Freud schrieb denn auch, das Ichideal des Erwachsenen sei der »Erbe des ursprünglichen Narzißmus«.[189] Gemeint sind nicht nur moralische Ideale. Die natürlich auch. Aber auch das, was man für wertvoll, für erstrebenswert, für lockend und faszinierend hält in diesem Leben, hebt einen heraus aus der Banalität des So-Seins und zeichnet einen aus als jemanden, der auf dem Wege ist zu einem hohen Ziel. Manchmal sind diese Ziele utopisch. Man hat den Eindruck, das erhöht sogar den Reiz. Ideale Ziele adeln den Menschen, für solche Ziele geht man unter Umständen in den Tod.

Tatsächlich repräsentieren die Idealbildungen des Menschen »das Höhere« in ihm. Kein Wunder, daß der Gläubige dieses Höhere mit dem idealisierten Höchsten, nämlich Gott, verbindet. Am deutlichsten kommt dies zum Ausdruck in der Überzeugung, die Stimme des Gewissens (die ja die Ideale einfordert) sei die Stimme Gottes. Diese Verknüpfung ist nicht zwingend. Es gibt genügend gewissenhafte und nach hohen Idealen strebende Menschen, die nicht gläubig sind. Die narzißtische Qualität der Beziehung eines einzelnen zu seinen Idealen aber scheint sich für eine religiöse Interpretation geradezu anzubieten.

Einen hohen Wert für die Idealisierungsbedürfnisse des Kindes, des Jugendlichen, aber auch des Erwachsenen haben Gruppen. Ganz rasch identifiziert man sich mit den Gruppenzielen und fühlt sich eins mit den Mitgliedern der Gruppe. Die eigene Familie, die Klasse, das Heimatdorf, der Sportverein, die Kirchengemeinde werden rasch und dauerhaft idealisiert. Man fühlt sich zugehörig, feiert gemeinsame Erfolge, leidet gemeinsam an Spannungen und Mißerfolgen. Man hält – oft gegen den Augenschein – fest an dem »Narzißmus der kleinen Differenzen«, das heißt, man findet immer Gründe, die eigene Gemeinschaft doch für etwas Einmaliges, Besonderes, Herausgehobenes zu halten – eben weil man an dieser Idealisierung selbst teilhat.

So ist die religiöse Gemeinde nicht nur ein Zusammenschluß von Gleichgesinnten. Indem die Gemeinde idealisierende Beziehungen bestätigt und fördert, ja fordert – sonst wird man als Abtrünniger ausgestoßen –, hat sie eine hohe Bedeutung für die Bewahrung des Glaubens als einer letztlich primärnarzißtischen Beziehungsform. Man kann sogar den Gedanken erwägen, ob das religiöse Erleben in der Gemeinschaft nicht deshalb so wichtig ist, weil hier etwas als Realität bestätigt wird, was sich außerhalb dauernd der Realitätsprüfung entzieht.

Was für den primären Narzißmus gilt, gilt auch für die neuen Welten der Vollkommenheit. Es sind kunstvolle, aber künstliche Welten, die auf einer Realitätsverleugnung basieren. Gefeiert wird das Erleben des Einmaligen, Großartigen, Machtvollen, Herausgehobenen, Begnadeten, Erwählten, das sie ermöglichen, das Einschränkende, Enttäuschende, Erschreckende, Abstoßende wird jedoch verleugnet beziehungsweise abgespalten und in die Welt des Bösen hineinprojiziert.

Betrachten wir den Umgang der Gläubigen mit dem Bösen. Impulse von Haß, Neid, Verachtung, Grausamkeit, Begierde werden als von außen kommend verstanden, als Einflüsterungen des Teufels, als Heimsuchung durch Dämonen, als Versuchungen »des Bösen«. Sie gelten jedenfalls nicht als integraler Teil der eigenen Person, allenfalls als Ausdruck einer Neigung zur Sünde, die aber aus den Urzeiten der Menschheit stammt (Erbsünde), nicht aus dem eigenen Leben. Fällt man den Versuchungen zum Opfer, ist man zwar Sünder; wenn man seine Sünden aber bereut, gar reuig bekennt, kann man auf eine gerechte Strafe oder auf die Gnade Gottes hoffen, ja, sich ihrer gewiß sein.

Diese Abspaltung und Projektion des Bösen, die Ausklammerung der Ambivalenz aus den Beziehungen, verkennt aber die Wirklichkeit. Das Reich des Bösen bleibt ein Teil jedes Menschen, jeder Beziehung, jeder Gruppe. Dadurch, daß dies der Gläubige, seine Gemeinde, seine Kirche nicht ernst nehmen, gewinnt es ein schwer zu kontrollierendes Eigenleben; es bricht immer wieder ein in die Welten der Vollkommenheit.

Die Beispiele, die ich anführe, stammen vorwiegend aus der christlichen Kirchengeschichte beziehungsweise aus der christlichen Lebenspraxis – ein Kenner anderer Religionen könnte sicher mit ähnlichen Beispielen aufwarten. Im Namen Gottes geschahen und geschehen bestürzende Grausamkeiten: die gewaltsamen Christianisierungen, die gnadenlosen Religionskriege, Inquisition, Hexen- und Ketzerverbrennungen und der kirchliche Antisemitismus. Man denke an die Unmenschlichkeiten, die in frommem Gewande praktiziert wurden und werden, an die Entwertung der Sexualität zur Sünde, an die Erniedrigung der Frau, an die Demütigungen von Wissenschaftlern mit unerwünschten Lehrmeinungen, an die Entmündigung der Gläubigen. Oder die Menschenverachtung, die sich in vielen religiösen Praktiken, Forderungen und Idealen verbirgt: die Selbstgerechtigkeit mancher Frommer, der Terror der Bigotten, der Fundamentalisten und der Moralapostel, die Förderung religiös motivierter Selbstmorde, die oft so säuerliche und blutleere Nächstenliebe, die gequälte Fröhlichkeit der »Erlösten«.

Religionen sind prinzipiell – wenn auch oft sublim – intolerant, auch da, wo – wie im Christentum – Nächsten- und Feindesliebe gefordert wird. Die Idealisierung der Glaubensbrüder und -schwestern beinhaltet schon die Entwertung Andersdenkender. Der Abtrünnige wird verstoßen, der Andersdenkende verketzert, der verstockte Irrende isoliert. Ökumenische Bemühungen kommen nicht voran, sie verheddern sich im Gewirr kleinster Differenzen. Fromme Gläubige wissen dies. Manche sind bestürzt, wollen etwas ändern, geben sich verzweifelte Mühe, bitten gar öffentlich um Verzeihung und mahnen zur Umkehr.

Was diesen Gläubigen aber nicht klar ist, ist der Umstand, daß die hereinbrechende Grausamkeit, die fromm kaschierte Unmenschlichkeit, die geheime Menschenverachtung und die prinzipielle Intoleranz systemimmanent sind. Man gibt sich Mühe, den Nächsten und die Feinde zu lieben, es geht aber letztlich nicht. Der Nächste ist eben doch ein anderer, ein Fremder, er bedroht das primärnarzißtische System. Das gilt für den Feind natürlich um so mehr.

Wahrheit oder Sinn?

Treffen meine These und die aus ihr abgeleiteten Deutungen zu, liegt die Kalamität der Religiosität darin, daß die Ersatzbildungen für die primärnarzißtischen Beziehungserlebnisse unserer persönlichen Urzeit mit dem Anspruch auf Wahrheit, das heißt mit dem Anspruch auf Erkenntnis einer außer uns existierenden Wirklichkeit verknüpft werden. Das erklärt die Scheu des Gläubigen und den so behutsamen Umgang der Menschen seiner Umgebung mit ihm. Der Gläubige möchte ihm unverzichtbare oder doch schwer verzichtbare Beziehungserlebnisse, die er für übernatürlich hält, nicht verlieren. Daher entzieht er sie einer kritischen Realitätsprüfung. Sein Gegenüber spürt seine Schutzbedürftigkeit und stellt sie taktvoll nicht in Frage.

Danach wären diese Überzeugungen aber Illusionen. Zwar nicht Hirngespinste oder gar wahnhafte Vorstellungen im psychiatrischen Sinne, wie Freud dies gelegentlich unterstellte, wohl aber Fehldeutungen, Verkennungen der Wirklichkeit. Was jedoch sollte der Gläubige tun, beziehungsweise was sollte man ihm nahelegen? Müßte er seine Illusionen nicht schleunigst aufgeben und durch besser begründete Überzeugungen ersetzen? Offenkundig ist dieses Ansinnen ganz realitätsfern. Nicht nur der einzelne Gläubige wird sich vehement wehren. Auch die zahllosen Menschen, die den etablierten Kirchen zur Zeit den Rücken kehren, verzichten ja großenteils nicht auf ihre religiösen Bedürfnisse. »New-age«-Bewegungen, die Welle der Esoterik, manche Formen alternativen Lebens und das weiterbestehende große Interesse an religiöser Literatur sprechen für sich. Woran liegt das? Erfüllen die religiösen Illusionen unverzichtbare oder doch schwer verzichtbare Wünsche, wie Freud meinte? Stellen sie individuell befriedigende Problemlösungen und gesellschaftlich bewundernswerte Kulturleistungen dar? Oder verbergen sich in ihnen doch tiefere Wahrheiten, etwa solche, wie man sie auch in den fiktiven Gestalten und Gestaltungen der Poesie sucht?

Heute sind wir in der Bewertung von Illusionen zurückhaltender geworden. Begriffe wie Illusion, Utopie, Vision, Mythos haben nicht mehr nur negative Bedeutung. Wir haben ja spätestens seit Kant realisiert, daß die reine Wirklichkeit sowieso nicht zu erkennen ist, daß illusionäre Momente in der Wirklichkeitserfassung für den Menschen unvermeidbar sind. Karl Marx' häufig zitiertes Wort, die Religion sei das Opium des Volkes, steht in folgendem Kontext: »Das *religiöse* Element ist in einem der *Ausdruck* des wirklichen Elendes und in einem die *Protestation* gegen das wirkliche Elend. Die Religion ist der Seufzer der bedrängten Kreatur, das Gemüt einer herzlosen Welt, wie sie der Geist geistloser Zustände ist. Sie ist das *Opium* des Volkes.«[190] Soll, ja darf man den Menschen – falls man es überhaupt könnte – dies nehmen?

Herbert Marcuse gibt gegen Freuds Illusionstheorie zu bedenken: »Wo die Religion weiterhin das kompromißlose Streben nach Frieden und Glück bewahrt, haben ihre ›Illusionen‹ doch einen höheren Wahrheitsgehalt als die Wissenschaft... Der verdrängte und umgeformte Inhalt der Religion kann nicht dadurch befreit werden, daß man ihn der wissenschaftlichen Haltung ausliefert.«[191] Wolfgang Loch konstatiert, sich auf Heidegger und Merleau-Ponty berufend: Der Mensch »ist primär gar nicht unbedingt an der theoretischen Wahrheit im Sinne der ›adaequatio intellectus et res‹ interessiert, noch an der formal-logischen im Sinne einer Genauigkeit oder Korrektheit... Dem Subjekt geht es vielmehr vorab ... um eine Wahrheit, die identisch ist mit Sinn, denn nur im Sinn findet das Subjekt sich selbst.«[192] Sinn aber erkennt man nicht, denn er existiert nicht an sich. Sinn entsteht in der Wechselwirkung zwischen subjektivem Erleben und objektiven Gegebenheiten. Sinn wird vom Subjekt verliehen, meint Wahrheit für mich, nicht Wahrheit an sich (was sich natürlich nicht ausschließen muß).

Sollte es bei der Religiosität primär ebenfalls um Sinn und nicht um Wahrheit gehen? Vielleicht sind die Glaubensinhalte, die Glaubenslehren gar nicht entscheidend für die Religiosität.

Vielleicht ist das Glaubenkönnen viel bedeutsamer als das Fürwahrhalten. Vielleicht sind die Überzeugungen, insbesondere die mit anderen geteilten Überzeugungen, und seien sie illusionär, das eigentlich Wichtige und die Erhaltung einer primärnarzißtischen Beziehung das Zentrale. Dem entspräche ja, daß in einer narzißtischen Objektbeziehung die Realität des Objektes von untergeordneter, um nicht zu sagen von zu vernachlässigender Bedeutung ist. Es muß nur da sein, und sei es als Idee, als Hoffnung, gar als Utopie.

Tatsächlich gibt es viele Menschen, die sich als religiös, nicht aber als kirchlich oder dogmatisch gebunden bezeichnen. Wenn wir von einem »tief religiösen« Menschen sprechen, meinen wir nicht die einzelnen Inhalte seines Glaubens, sondern eine bestimmte innere Haltung zu sich und der Welt. Diese undogmatische Religiosität hatte Romain Rolland im Sinn, als er das Gefühl »von etwas Unbegrenztem, Schrankenlosem, gleichsam Ozeanischem« als die »eigentliche Quelle der Religiosität« bezeichnete. Nur auf Grund dieses ozeanischen Gefühls dürfe man sich religiös heißen, auch wenn man jeden Glauben und jede Illusion ablehne.

Eine solche Religiosität verzichtet auf Wahrheitsaussagen. Sie beschränkt sich auf ein Gefühl, dessen sehr subjektive und primärnarzißtische Qualität bei Rolland ja geradezu beispielhaft deutlich ist. Wenn Religiosität an Wahrheit an sich primär aber gar nicht interessiert ist, sondern an Sinn, an »Wahrheit für mich« – handelt es sich da nicht doch um psychohygienisch zwar nützliche und kulturell Achtung gebietende Entwürfe, erkenntnistheoretisch aber um Wunschträume, um schlichte, weil völlig unkritische Projektionen rein subjektiver Erwartungen in die äußere Welt, wie es Ludwig Feuerbach schon 1841 annahm?

Der englische Kinderarzt und Psychoanalytiker Donald W. Winnicott hat 1951 darauf aufmerksam gemacht, daß man die tatsächlichen Verhältnisse verkürzt, wenn man die intrapsychische Welt der extrapsychischen Welt gegenüberstellt und erwartet, der Mensch müsse, um reif zu werden, diese Kluft überspringen und sich der objektiven Realität anpassen oder gar unterwerfen. Zwar kann der Mensch die äußere Realität auf Dauer nicht ignorieren. Er muß sich mit ihr auseinandersetzen, doch geschieht diese Auseinandersetzung in einem langsamen Prozeß und – psychologisch gesehen – in einem besonderen Raum, von Winnicott Übergangsraum (auch intermediärer, virtueller, potentieller Raum oder Raum der Illusion) genannt. Winnicott spricht von einem »intermediären Bereich von Erfahrungen, in den in gleicher Weise innere Realität und äußeres Leben einfließen, ... eine Sphäre ..., in der das Individuum ausruhen darf von der lebenslänglichen menschlichen Aufgabe, innere und äußere Realität voneinander getrennt und doch in wechselseitiger Verbindung zu halten«;[193] einem Bereich also, in dem Wunschträume der äußeren Welt begegnen und nun keine reinen Projektionen mehr bleiben können.

Dieser Raum eröffnet sich, wenn sich die primärnarzißtische Einheit zwischen Mutter und Kind, zwischen Objekt und Selbst zu differenzieren beginnt. In dem Maße, wie es dem Kind möglich wird, diese Differenzierung zu reflektieren, begibt es sich in eine exzentrische, in eine dritte Position. Diese erlaubt ihm, seine Erfahrungen zunächst in sinnlichen Zeichen und Bildern, später in sprachlichen Begriffen zu symbolisieren.[194] Die ersten so entstehenden Symbole nennt Winnicott Übergangsobjekte beziehungsweise Übergangsphänomene.

Der Begriff der Auseinandersetzung bezeichnet recht gut, was Winnicott meint. Die Beschäftigung mit dem Objektiven ist zwar unausweichlich, doch geschieht sie nicht einfach in der Weise unkritischen Introjizierens und Projizierens, sondern in der des Ertastens, Entwerfens, Erprobens, Deutens und Planens in einem Raum, in dem sich äußere und innere Realität noch mischen, in dem Illusionen, also Fehldeutungen der Wirklichkeit, entstehen und auch vorläufig bestehen bleiben dürfen. Der Raum der Illusionen ist der Raum der Vermutungen und Entwürfe, des reflektierenden Spiels mit Möglichkeiten, der (vorläufigen) Bedeutungszuweisungen, der Raum der Symbole. Im Symbol wird nach Cassirer »ein geistiger Bedeutungsgehalt an ein konkretes sinnliches Zeichen geknüpft und diesem Zeichen innerlich zugeeignet«. In den verschiedenen Symbolen »prägt sich das Grundphänomen aus, daß unser Bewußtsein sich nicht damit begnügt, den Eindruck des Äußeren zu empfangen, sondern daß es jeden Eindruck mit einer freien Tätigkeit des Ausdrucks verknüpft und durchdringt. Eine Welt selbstgeschaffener Zeichen und Bilder tritt dem, was wir die objektive Wirklichkeit der Dinge nennen, gegenüber und behauptet sich gegen sie in selbständiger Fülle und ursprünglicher Kraft.«[195]

Die Fähigkeit zu symbolisieren ist ein enormer Entwicklungsfortschritt. Die Symbole gewähren ja eine großartige Unabhängigkeit von unberechenbaren äußeren Objekten, aber auch von den inneren imperativen Bedürfnissen. Die äußeren Objekte werden im Symbol berechenbar, die imperativen Bedürfnisse zu Wünschen, die zwar erfüllt werden können, aber nicht müssen. Symbole sind befreiende Sinndeutungen, die Ruhe und Zeit für die Auseinandersetzung zwischen dem Subjektiven und dem Objektiven, aber auch Sicherheit vermitteln und Macht suggerieren, weil das Symbol verfügbar ist.

So gewinnen die Kreationen dieses Übergangsraums, die in ihm entstehenden Symbole für das Subjekt eine hohe Bedeutsamkeit. Sie dienen nicht nur der Annäherung, Erprobung und Bewältigung der äußeren Realität, dem »Übergang« vom Subjektiven zum Objektiven, sondern auch dem Schutz des bedrohten Narzißmus. Sie sind kreative Konfliktlösungen angesichts der Tatsache, daß die äußere Welt vom Subjekt unterschieden, eigenständig, rätselhaft, bedrohlich und so weiter ist und daß das Subjekt wenig oder keine Macht über sie hat. In den Symbolen erwirbt sich das Subjekt das Gefühl, dieser Welt etwas gegenüberstellen zu können: etwas Eigenes und Eigenständiges; einen Besitz, nicht nur etwas Geliehenes. Sie sind »Stellvertreter von Schöpfungsprozessen, ... so etwas wie die Numina, die signalisieren, hier kann etwas ganz Unerhörtes geschehen, auf das ich angewiesen bin.«[196]

Das erste Übergangsobjekt entsteht um den vierten bis sechsten Lebensmonat herum. Es handelt sich meistens um ein Stück Stoff, ein Büschel Wolle, den Zipfel eines Kissens, manchmal auch um eine bestimmte Melodie oder bestimmte Gesten, die, besonders in Situationen der Trennung von der Mutter, für das Kind hoch wichtig werden: Das Kind nimmt sich ein Ding (oder Phänomen) der Außenwelt, weiß wohl um seine Herkunft, weist ihm aber eine sehr subjektive Bedeutung zu. Ganz offensichtlich repräsentieren oder symbolisieren diese Übergangsobjekte die abwesende Mutter, genauer: die intakte Beziehung des Kindes zur Mutter. Dieses Übergangsobjekt ist das erste Symbol, der erste »Nicht-Ich-Besitz« (Winnicott), der dem kleinen Kind die ersten Erfahrungen der Unabhängigkeit von der Mutter sichert.

Das früheste Übergangsobjekt verliert nach einer Weile seine Bedeutung. Andere Übergangsobjekte oder Übergangsphänomene treten an seine Stelle: das Kuscheltier, das Gute-Nacht-Zeremoniell, das Einschlaflied, das Abendgebet, der letzte Kuß. Wichtig bleibt die Wiederholung, die Sicherheit, daß das Kuscheltier zur Verfügung steht, die Gewißheit, daß die Rituale immer genau gleich ablaufen. Gegenüber dem ersten Übergangsobjekt verdünnt sich bei seinen Nachfolgern im Laufe der Jahre deren Einmaligkeit und Unverzichtbarkeit. Das Kind macht sich langsam unabhängiger, indem es lernt, mit den Dingen zu spielen. Die Möglichkeit aber, den Objekten und Phänomenen der Außenwelt symbolische Bedeutungen zu verleihen – wobei diesen Symbolen eine hohe narzißtische Valenz zukommt –, geht den Menschen nie verloren.

Winnicott versteht das gesamte Kulturschaffen in diesem Sinne. Der Künstler gestaltet Materie und gibt ihr neue Deutungsmöglichkeiten. Der kreative, Hypothesen schaffende Wissenschaftler spielt neue Problemlösungsmuster durch. Der religiöse Mensch entwirft Deutungen der Welt und ihrer großen Geheimnisse. Gemeinsam ist Künstlern, Wissenschaftlern und religiösen Menschen die hohe persönliche Bedeutsamkeit ihres Tuns und die respektvolle Scheu, die die Umgebung ihnen entgegenbringt. Man spürt, man darf nicht nach dem materiellen Gewinn, nach Zweck und Nutzen oder nach platter

Wirklichkeit fragen. Man respektiert das Vorläufige, das Unscharfe, das Mehrdeutige, das manchmal besessene Interesse, das dem illusionären Raum und seinen Kreationen zukommt.

So nimmt die Welt der Symbole eine eigentümliche Mittelstellung zwischen dem Reich des Imaginären und dem Reich der äußeren Objekte, zwischen halluzinatorischen Phantasien und der materiellen und sozialen Außenwelt ein. Ihr illusionärer Charakter ist nicht nur enorm hilfreich, er ist auch bereichernd, ja er ist die Quelle menschlicher Kreativität. So respektiert man diese Welt, solange sie nicht zu phantastisch beziehungsweise solange sie der Umgebung nicht zu aufdringlich als Wirklichkeit mitgeteilt wird.

Den religiösen Symbolen, also den Riten, Gesten, Szenen, Bildern, Metaphern, Mythen, Geschichten, Gleichnissen und Legenden kommt offensichtlich die eben beschriebene Mittelstellung zu. Stellten sie eindeutige Wirklichkeitserkenntnisse dar, gäbe es nicht die Vielzahl der Religionen, gäbe es nicht ihren historischen Wandel, schwänden die Reichhaltigkeit, die Offenheit, die Mehrdeutigkeit und der Geheimnischarakter der Symbole. Das bezweifeln auch viele Theologen nicht. Schon bei Paulus heißt es: »Jetzt sehen wir durch einen Spiegel, rätselhaft, dann aber von Angesicht zu Angesicht; jetzt erkenne ich stückweise, dann aber werde ich ganz erkennen.« (1. Korinther 13) Ja, Theologen sind es, die gegenüber den auf Eindeutigkeit und Sicherheit bedachten Gläubigen die Vorläufigkeit der Symbole gerade betonen.

Alfred Lorenzer beklagt in seiner leidenschaftlichen Kritik am Zweiten Vatikanischen Konzil *(Das Konzil der Buchhalter)* die Zerstörung des seit Jahrhunderten gewachsenen vieldeutigen, aber sinnlich unmittelbar wirksamen Symbolsystems der katholischen Liturgie zugunsten der eindeutigeren Wortverkündung. Das heilige Spiel der Meßfeier sei durch eine Lehrveranstaltung abgelöst worden.

Symbole deuten und vermitteln Erfahrungen. Welche Erfahrungen vermitteln aber religiöse Symbole? »Symbole, die Glauben ermöglichen, weisen auf den Bereich der ›Tiefe‹ oder

der ›Transzendenz‹ hin«, definieren Scharfenberg und Kämpfer.[197] Was heißt das? Ich denke, religiöse Symbole deuten und vermitteln spezifisch die Erfahrungen mit den »letzten Dingen«, den großen Geheimnissen der Welt. Das sind im kognitiven Bereich die ungelösten, unlösbaren Rätsel des Woher-Wohin-Wozu unserer Existenz. Das sind emotional die Erfahrungen des drohenden Chaos, des Bösen, von Schuld und von Tod.

Diese intellektuell unbegreiflichen, emotional beunruhigenden und den Narzißmus jedes Menschen bedrohenden Realitäten fordern Auseinandersetzung und Bewältigung, bleiben aber dunkel. Kein Wunder, daß sie zahllose Bilder und faszinierende Denkspiele herausgefordert haben, kein Wunder, daß diese an kein Ende kommen. Ungreifbare Realitäten, unlösbare Rätsel lassen ja ein Hinaustreten aus dem Übergangsraum in den Raum einigermaßen gesicherter Erkenntnis nicht zu, es sei denn, man verzichte auf die Lösung dieser Rätsel. Kann man sich dazu aber nicht entschließen, wird man festhalten an den religiösen Symbolen. Das um so eher, als die Gesellschaft, in der man lebt, Symbole zur Verfügung stellt, die sich in mehrtausendjähriger Tradition bewährt haben und die vielfach verflochten sind mit dem gesamten gesellschaftlichen und kulturellen Hintergrund, vor dem man lebt. Religiöse Überzeugungen ruhen dementsprechend sowohl auf einer individuellen wie auf einer kollektiven Basis. Günther Hole illustriert, wie sich – jedenfalls in der christlichen Tradition – Frömmigkeitstypen unterscheiden lassen je nach der Bedeutung, die der einen oder der anderen Basis zugemessen wird.

So muß Religiosität notgedrungen ein Übergangsphänomen bleiben, nicht ein Wunschtraum also, aber auch nicht Ausdruck der Erfahrung einer äußeren, gar transzendenten Realität, sondern eine Deutung des Unbegreiflichen, die dem Leben des Gläubigen einen Sinn verleiht.

Gegen diese Interpretation sind Einwände möglich. Trifft es denn zu, daß die in den religiösen Symbolen verdichteten Erfahrungen nur Fehldeutungen darstellen? Läßt nicht gerade das bei den religiösen Erfahrungen dominierende primärnarzißtische Erleben mit seinen Identifizierungs-, ja Verschmelzungsvorgängen zwischen Subjekt und Objekt Wahrnehmungen zu, die einem rationalen Zugriff verschlossen sind, dunkle Ahnungen vielleicht nur, aber zutreffende? Identifizierungsvorgänge sind ja auch die Basis empathischen Verstehens, einer Wahrnehmungsform, die sich rational schwer fassen läßt, kritisch reflektiert aber ein höchst sensibles Instrument ist, wie Psychoanalytiker nur bestätigen können.

Von Empathie spricht man zwar nur im Umgang mit Menschen, allenfalls mit Tieren. Forscher zum Beispiel kennen aber etwas Analoges, nämlich das quasi sinnliche Sich-Hineinfühlen in biologische Prozesse, in physikalisch-chemische Strukturen, in historische Situationen und ähnliches, und kommen auf diesem Wege zu manchmal überraschenden Erkenntnissen. Und wie bewundern wir Dichter, denen es gelingt, Menschen und ihre Konflikte erstaunlich überzeugend darzustellen und dies doch, indem sie sich in ihre Figuren intensiv hineinversetzen. Wieso sollten also religiöse Menschen neben oder in ihren primärnarzißtischen Beziehungserlebnissen nicht doch in Beziehung treten und Erfahrungen machen können mit einem transzendenten Wesen?

Paul Ricœur geht dieser Frage nach. Der französische Religionsphilosoph stellt die These auf: »Freud ... verbindet eine thematisierte Archäologie des Unbewußten mit einer nicht thematisierten Teleologie des ›Bewußtwerdens‹, so wie Hegel die explizite Teleologie des Geistes mit einer impliziten Archäologie des Lebens und des Wunsches verbindet.«[198] Das Symbol empfange seinen Sinn zugleich von einer Arche und einem Telos, einem Ursprung und einem Ziel. Der Psychoanalyse obliege es, den archäologischen Anteil durch Reduktion auf die Archaismen der Psyche aufzulösen, um den Blick auf das Telos, das transzendente Absolut-Andere freizulegen. Diese bestechend wirkende Annahme wird von ihm allerdings durch nichts begründet.[199] Ähnliche Thesen bei Jürgen Moltmann gehen ebenfalls über Behauptungen nicht wesentlich hinaus.

Auch Scharfenberg und Kämpfer konstatieren, Ricœur vermöge der (archäologischen) psychoanalytischen Praxis keine andersartige Praxis im Umgang mit Symbolen entgegenzusetzen, »so daß die Weiterführung seiner Gedanken keine Rückkoppelung an der Praxis erhält und so im Spekulativen verbleibt«.[200]

Ein analoger Gedankengang findet sich bei William Meissner. Dieser hat Winnicotts Konzept aufgenommen. Er bestätigt zunächst die Deutung der religiösen Phänomene als Übergangserscheinungen, die dem Menschen das Gefühl von kontinuierlicher Einheit mit dem Primärobjekt, von Sicherheit und Macht bewahren. Zudem seien illusionäre Erfahrungen solche, die von anderen Menschen mit ähnlichen Erfahrungen gern aufgegriffen würden und auf diese Weise ausgesprochen gemeinschaftsstiftend und gemeinschaftserhaltend wirkten. Das illustriert Meissner am Beispiel des Glaubens an sich, des Gottesbildes, des Umgangs mit religiösen Symbolen und am Gebet. Der Glaube entspringe nicht nur einem Wunsch. Die Phantasietätigkeit des Gläubigen nehme vielmehr die Gegebenheiten der physikalischen und der sozialen Außenwelt deutend auf und entwickle daraus eigene Überzeugungen. Dabei helfe ihm die Vielzahl von Zeichen und Symbolen, die die religiöse Umgebung ihm als Konkretisierung abstrakter Bedeutungen zur Verfügung stellt. Der Austausch mit der sozialen Umgebung und die Bestätigung durch diese bestärkten ihn darüber hinaus auch in seinen religiösen Überzeugungen, in seiner Gewißheit dazuzugehören und damit in seiner sozialen Identität. Die »unabhängige Wirklichkeit« dessen, wovon der Gläubige und seine soziale Umgebung sprechen, vermöchten diese allerdings »nicht aufzuzeigen«.[201]

Wenn Meissner auf den letzten Seiten seines Buches aber meint, die Glaubensüberzeugungen enthielten in sich ein transzendentes Element, sie seien die kreative Behauptung, es gäbe etwas jenseits von Vertrauen, ja etwas, das über die Unvollkommenheit und Begrenztheit des Urvertrauens hinausgreife und es dadurch in vertiefter Weise zurückgewinne,[202] vermißt man jedwede Begründung. Meines Erachtens bleibt er nicht einmal mehr im Übergangsraum. Er fällt in die Wunschwelt zurück, denn er spricht mit mystischen Worten von einer Realität, von der er zuvor eingeräumt hatte, daß sie nicht aufzuzeigen sei.

Die neben den primärnarzißtischen Erfahrungen vermuteten Transzendenz-Erfahrungen sind, so hat es den Anschein, nicht zu belegen. Man wird an dieser Stelle auf die Mystiker und ihre Zeugnisse verweisen. Mystiker aber sind fragwürdige Zeugen in einem wissenschaftlichen Disput, sind sie sich doch der Interpretation ihrer Erlebnisse zu sicher, als daß sie sich einer kritischen Reflexion stellten; und die Deutung ihrer Zeugnisse bedürfte zu diesem Zweck ihrer Mithilfe. Es bleibt aber die Frage, wie kluge und nicht kranke Menschen darauf kommen, mit großer Sicherheit Transzendenz-Erfahrungen zu behaupten, wenn das keiner Wirklichkeit entspräche.

Machen wir uns noch einmal klar, worum es nach meinem Verständnis geht: Die großen und ungelösten Geheimnisse der Welt stellen für den Menschen eine Provokation dar – eine intellektuelle, psychologisch gesehen aber vor allem eine narzißtische. Daß bedrohliche Rätsel nicht lösbar sein sollen, daß es für narzißtische Bedürfnisse kein bedürfnisbefriedigendes Objekt geben soll, ist nicht nur schwer zu ertragen und widerspricht unseren elementarsten Wünschen, es entspricht auch nicht unserem Unbewußten: weder unserer (unbewußt gewordenen) Erfahrung noch dem Denken unseres Unbewußten und schon gar nicht unserem bewußten und unbewußten Narzißmus. Das hat mit mangelnder Klugheit oder gar Krankheit nichts zu tun, sondern mit der Conditio humana.

Die primärnarzißtische Beziehung, die jeder Mensch mehr oder weniger intensiv erlebt hat, hat ihm die Erfahrung vermittelt, daß es einmal ein grandioses, Ruhe, Befriedigung und Sicherheit gewährendes Objekt gab, an dessen Grandiosität er seinen Anteil hatte. Diese Erfahrung ist eine historische, wenn auch ontogenetische Wahrheit. Die Neuauflage der primärnarzißtischen Beziehung im religiösen Leben wird sich unbewußt auf diese Wahrheit beziehen, auch wenn sie bewußt als übernatürliche Erfahrung interpretiert wird. Die relative Glaubensgewißheit[203] dürfte nicht zuletzt auf dieser Wahrheit basieren.

Das Unbewußte kennt darüber hinaus kein Nein, kein Fehlen von etwas. Und auch unser bewußtes Denken hat Schwierigkeiten damit. Man kann einwenden, daß wir ja nicht unbewußt denken, sondern bewußt, denn wir sind geschult, mit kritischen Beobachtungen und abstrakten Begriffen rational Schlüsse zu ziehen. Dies ist jedoch eine späte und mühsame Erwerbung, ja dieses Denken bestimmt nur zum Teil unser bewußtes Erleben. Man denke beispielsweise an den Tod: Wir wissen rational um das Ende unseres Lebens, vorstellen können wir es uns aber nicht. Wenn wir an das Totsein denken, können wir dies nur in Kategorien des Lebendigseins. Entweder stellen wir uns ein Leben nach dem Tode vor, oder wir entwerfen Vorstellungen davon, wie wir im Grab liegen, verfaulen, in die Natur übergehen und ähnliches, aber in einer Weise, als wären wir lebendig dabei. Das Nichtmehr, das Nichts ist rational zwar zu erschließen, vorstellbar ist es nicht. Unser unbewußtes und zum Teil auch unser bewußtes Denken kann nicht anders, als sich das Abstrakte konkret, das Negative positiv vorzustellen. Eine eventuell nicht wirklich vorhandene transzendente Welt können wir uns also auch nur in Bildern vorstellen, die wir der Wirklichkeit entlehnen.

Für die Erhaltung unseres narzißtischen Gleichgewichts, für den Ersatz unserer primärnarzißtischen Beziehungserlebnisse ist schließlich die Realität des Objektes von untergeordneter Bedeutung. Es ist ohnehin Träger idealisierender Projektionen, ja als narzißtische Objekte eignen sich gerade ferne, unerreichbare, weil nicht enttäuschende Objekte. Für narzißtische Bedürfnisse muß es aber ein Objekt geben, und sei es eine Idee, eine Hoffnung, ein Trugbild, eine Fiktion, eine Vision, gar eine Utopie.

So ist es nicht verwunderlich, daß Menschen an die Stelle des Neins der großen Rätsel das Ja der religiösen Symbole setzen. Dazu ermutigt uns auch die Gesellschaft, die seit Jahrtausenden dasselbe tut. Bezeichnenderweise sprechen religiöse Schriften von Alters her gern von Mysterien, dies aber in einer Weise, als wären die Geheimnisse gelüftet, die Rätsel gelöst.

Religiosität wäre danach etwas sehr Menschliches, nämlich die Beziehung zu einem Symbol oder einem Symbolsystem, das der Sinndeutung dient, und der Glaube – in Abwandlung eines Paulus-Wortes (1. Korinther 13,13) – eine Hoffnung, die sehr geliebt wird.

Anmerkungen

1 Freud, *Totem und Tabu,* S.122.
2 Freud, *Die Zukunft einer Illusion,* S.356.
3 Grom, S.372.
4 Müller-Pozzi, *Psychologie des Glaubens,* S.23.
5 Freud, *Zwangshandlungen und Religionsübungen,* S.129 f.
6 Ebd., S.131
7 Ebd., S.131.
8 Ebd., S.132.
9 Ebd., S.135.
10 Ebd., S.135.
11 Ebd., S.136.
12 Ebd., S.136 f.
13 Ebd., S.138.
14 Ebd., S.38; vgl. auch Teil III.
15 Ebd., S.139.
16 Vgl. Glock.
17 Freud, *Die Zukunft einer Illusion,* S.367.
18 Zitiert nach Jones, Bd.2, S.413.
19 Vor allem William Robertson Smith, *Religion of the Semites* (1890); Andrew Lang, *The Secret of the Totem* (1905); Wilhelm Wundt, *Völkerpsychologie. Bd. 2: Mythos und Religion* (1906); Edvard Westermarck, *Ursprung und Entwicklung der Moralbegriffe* (1909); James George Frazer, *Totemism and Exogamy* (1910) und *The Golden Bough* (1911).
20 Freud, *Analyse der Phobie eines fünfjährigen Knaben.*
21 Freud, *Bemerkungen über einen Fall von Zwangsneurose.*
22 Freud, *Totem und Tabu,* S.38.
23 Ebd., S.108 f.
24 Ebd., S.111.
25 *Christ in der Gegenwart,* Nr.44 (1992), S.354.
26 Freud, *Totem und Tabu,* S.160.
27 Ebd., S.172.
28 Ebd., S.175.
29 Freud, *Massenpsychologie und Ich-Analyse,* S.151.
30 Ebd., S.136.
31 Freud, *Totem und Tabu,* S.192; vgl. auch *Der Mann Moses,* S.198 ff.
32 Freud, *Totem und Tabu,* S.191.
33 Ebd., S.190.
34 Ausführlich dazu Haesler.
35 Freud, *Zur Psychopathologie des Alltagslebens,* S.287 f.

36 Freud, *Der Mann Moses und die monotheistische Religion,* S. 211.

37 Ebd., S. 231.

38 Vgl. Ernst Sellin, *Geschichte des israelitisch-jüdischen Volkes* (2 Bde., 1924 bis 1933).

39 Freud/Andreas-Salomé, *Briefwechsel,* S. 222 ff.

40 Freud, *Der Mann Moses,* S. 190.

41 Ebd., S. 243 f.

42 Ebd., S. 222 f.

43 Ebd., S. 192.

44 Ebd., S. 194.

45 Ebd., S. 195.

46 Ebd., S. 196.

47 Ebd., S. 197.

48 Ebd., S. 197; vgl. auch Henseler, *Einige Gedanken zur Psychodynamik des Antisemitismus.*

49 Freud, *Der Mann Moses,* S. 198; vgl. dazu Beland.

50 Freud, *Der Mann Moses,* S. 160.

51 Ebd., S. 240.

52 Grubrich-Simitis, S. 483.

53 Ebd., S. 486 ff.

54 Freud, *Die Zukunft einer Illusion,* S. 336.

55 Ebd., S. 326.

56 Freud, *Neue Folge der Vorlesungen,* S. 173.

57 Ebd., S. 174 f.

58 Ebd., S. 175 ff.

59 Freud, *Die Zukunft einer Illusion,* S. 340 f.

60 Freud, *Neue Folge der Vorlesungen,* S. 180 f.

61 Freud, *Die Zukunft einer Illusion,* S. 348.

62 Ebd., S. 349.

63 Ebd., S. 373.

64 Ebd., S. 356.

65 Ebd., S. 352.

66 Freud, *Neue Folge der Vorlesungen,* S. 181.

67 Ebd., S. 186 f.

68 Freud, *Die Zukunft einer Illusion,* S. 376.

69 Ebd., S. 378.

70 Ebd., S. 377.

71 Vgl. auch die umfangreiche Bibliographie bei Nase/Scharfenberg.

72 Cremerius (Klappentext).

73 Scharfenberg, *Sigmund Freud und seine Religionskritik,* S. 20.

74 Z. B. Moltmann; diesen Sachverhalt bestätigt Rössler (S. 580), wenn er schreibt, daß Freud bei der Praktischen Theologie von Anfang an intensives

Interesse weckte, in der Systematischen Theologie aber – von wenigen Experten abgesehen – nicht zu einem selbständigen Thema wurde.

75 Ich beziehe mich vor allem auf die Arbeiten der Theologen Hans Küng, William W. Meissner, Joachim Scharfenberg und Johannes Schreiber, daneben auch auf den Historiker Peter Gay und den Religionsphilosophen Paul Ricœur. Es ist möglich, daß ich weitere relevante Autoren übersehen habe. Da die von mir ausgewählten Publikationen aber alle aus den letzten 30 Jahren stammen und ihre Autoren die relevante theologische Literatur ihrerseits gesichtet hatten und referieren, gehe ich davon aus, daß die folgenden Darstellungen die wesentlichsten Positionen wiedergeben.

76 Vgl. Freud/Pfister, *Briefwechsel*

77 Pfister, S. 101 f.

78 Schreiber, S. 233.

79 Freud/Pfister, *Briefwechsel* S. 139.

80 Freud, *Das Unbehagen in der Kultur,* S. 431.

81 Ebd., S. 443.

82 Freud, *Neue Folge der Vorlesungen,* S. 181.

83 Freud, *Die Zukunft einer Illusion,* S. 368.

84 Ebd., S. 356.

85 Freud, *Das Unbehagen in der Kultur,* S. 443.

86 Schreiber, S. 239.

87 Ebd., S. 240.

88 Freud, *Die Zukunft einer Illusion,* S. 354.

89 Freud, *Das Unbehagen in der Kultur,* S. 431 f.

90 Schreiber, S. 241.

91 Freud, *Die Zukunft einer Illusion,* S. 350.

92 Ebd., S. 379.

93 Freud, *Das Unbehagen in der Kultur,* S. 506.

94 Schreiber, S. 244.

95 Freud, *Die Zukunft einer Illusion,* S. 377.

96 Freud, *An Romain Rolland,* S. 553.

97 Schreiber, S. 246.

98 Ebd., S. 249 ff.

99 Ebd., S. 253.

100 Freud, *Der Mann Moses,* S. 230.

101 Schreiber, S. 260 f.

102 Ebd., S. 261.

103 Ebd., S. 262.

104 Freud, *Die Zukunft einer Illusion,* S. 352.

105 Freud, *Ein religiöses Erlebnis,* S. 394.

106 Scharfenberg, *Sigmund Freud und seine Religionskritik,* S.40.

107 Gay, S. 131.

108 Ebd., S. 132.

109 Freud, *Briefe an Wilhelm Fließ,* S. 288 (Brief vom 3.10.1897).
110 Ebd., S. 291 (Brief vom 15.10.1897).
111 Meissner, S. 25; vgl. auch Vitz.
112 Jones, Bd. 1, S. 48.
113 Scharfenberg, *Sigmund Freud und seine Religionskritik,* S. 186.
114 Ebd., S. 41 f.
115 Ebd., S. 42; ähnlich Ostow.
116 Ebd., S. 50.
117 Ebd., S. 44.
118 Ebd., S. 46.
119 Meissner, S. 26–41.
120 Jones, Bd. 3, S. 443 f.
121 Gay, S. 51.
122 Freud, *Neue Folge der Vorlesungen,* S. 171.
123 Scharfenberg, *Sigmund Freud und seine Religionskritik,* S. 53.
124 Ebd., S. 54.
125 Freud, *Nachschrift zur Selbstdarstellung,* S. 32.
126 Freud, 1926, S. 290.
127 Scharfenberg, *Sigmund Freud und seine Religionskritik,* S. 57.
128 Gay, S. 138.
129 Freud, *Briefe,* S. 27 ff.
130 Jones, Bd. 2, S. 432.
131 Freud, *Der Moses des Michelangelo,* S. 194.
132 Ebd., S. 198.
133 Scharfenberg, *Sigmund Freud und seine Religionskritik,* S. 175.
134 Küng, S. 42.
135 Ebd., S. 63.
136 Ebd., S. 80 f.
137 Ebd., S. 69.
138 Ebd., S. 42.
139 Ebd., S. 83.
140 Ebd., S. 71.
141 Ebd., S. 73.
142 Der sich wohl nicht als Atheist verstand; vgl. Schneider.
143 Küng, S. 64.
144 Ebd., S. 125.
145 Ebd., S. 79.
146 Ebd., S. 81.
147 Ebd., S. 124 f.
148 Ebd., S. 125.
149 Ebd., S. 124.
150 Brief an den Autor vom 14.1.1994.
151 Scharfenberg, *Sigmund Freud und seine Religionskritik,* S. 155.

152 Ebd., S. 156.
153 Ebd., S. 157.
154 Ebd., S. 158 f.
155 Freud, *Neue Folge der Vorlesungen,* S. 73.
156 Scharfenberg, *Sigmund Freud und seine Religionskritik,* S. 160.
157 Freud, *Die Zukunft einer Illusion,* S. 365.
158 Scharfenberg, *Sigmund Freud und seine Religionskritik,* S. 162 f.
159 Ebd., S. 164.
160 Freud, *Das Unbehagen in der Kultur,* S. 440 f.
161 Jones, Bd. 2, S. 512.
162 Freud, *Das Unbehagen in der Kultur,* S. 481.
163 Scharfenberg, *Sigmund Freud und seine Religionskritik,* S. 168 f.
164 Ebd., S. 169.
165 Ebd., S. 174.
166 Freud, *Der Mann Moses,* S. 239.
167 Ebd., S. 237.
168 Scharfenberg, *Sigmund Freud und seine Religionskritik,* S. 175.
169 Ebd., S. 176 f.
170 Freud, *Der Mann Moses,* S. 195.
171 Scharfenberg, *Sigmund Freud und seine Religionskritik,* S. 179 f.
172 Freud, *Die Zukunft einer Illusion,* S. 335 f.
173 Zitiert nach Wangh, S. 42.
174 So Freuds Interpretation in *Das Unbehagen in der Kultur,* S. 430.
175 Ebd., S. 430 f.
176 Wangh, S. 46.
177 Freud, *Über die weibliche Sexualität,* S. 519.

178 Auf die hohe Affinität zwischen narzißtischen und religiösen Phänomenen ist erst in den siebziger und achtziger Jahren wieder aufmerksam gemacht worden von Meerwein, Scharfenberg, Müller-Pozzi, Grunberger, Wahl. Die Hinweise und Ausführungen dieser Autoren gehen in die folgenden Überlegungen mit ein.

179 Vorläufige Versionen dieses Kapitels in Jutta Gutwinski-Jeggle/Johann M. Rotmann (Hrsg.), *Die klugen Sinne pflegend.* Tübingen: Edition Discord 1993, S. 399–414; Gunther Klosinski (Hrsg.), *Religion als Chance oder Risiko.* Bern: Huber 1994, S. 169–179.

180 Glock unterscheidet fünf Dimensionen der Religiosität: 1. die ritualistische, 2. die ideologische, 3. die intellektuelle, 4. die der sozialen Konsequenzen und 5. die der religiösen Erfahrung. Bochenski geht davon aus, »daß die Mehrheit der Gläubigen, wie sie heute nun einmal ist, keinerlei wirkliche Erfahrung von Gott besitzt« (S. 66).

181 Tatsächlich ist die Beziehung zu dem höheren Wesen von einer besonderen Qualität. Wyss spricht im Untertitel seines Buches von der »Ursprünglichkeit« des religiösen Erlebens, von der »Begegnung mit dem Konkret-Irratio-

nalen« (S. 13), das sich »nicht unserem Gefühl, wohl aber unserem begrifflichen Denken entzieht« (S. 73). Das Spezifische des religiösen Erlebens bestehe in der »fühlenden Wahrnehmung eines Überweltlichen« (S. 79). Der von religiöser Erfahrung »Heimgesuchte« sei davon »besessen«, wie in leidenschaftlicher Verliebtheit oder wie der Drogenabhängige von seiner Droge besessen sei (S. 82). Die religiöse Erfahrung geschehe durch »Verschränkung mit dem Gefühl permanenter Hingabe an das Numinose und vermittle ›inneren Aufschwung, Beseligung, vor allem Ruhe und Frieden im Umfassenden‹« (S. 86). – Das Heilige wird, wie Otto differenziert, als das Numinose erfahren, welches Aspekte des Übermächtigen, Unheimlichen, Schauervollen, aber auch des Faszinierenden, Ungeheuren, Wunderbaren und Erhabenen umfaßt. – Das religiöse Leben kennt – wie die großen Mystiker aller Religionen bezeugen – neben dem Sich-Erheben auch das Stürzen, neben absoluter Fülle auch die absolute Leere, neben der Verschmelzung mit Gott die Gottesferne, neben dem Alles das Nichts, neben der Sinnerfüllung das Absurde (Wyss, S. 89). – James definiert Religiosität als »ein Gefühl, in einem weiteren Lebenszusammenhang zu existieren, eine Empfindung freundlicher Kontinuität zwischen der idealen Macht und unserem eigenen Leben, ein immenses Gefühl des Erhoben- und Freiseins, in dem die Umrisse des begrenzenden Selbst-Seins zusammenschmelzen, eine Verlagerung des emotionalen Zentrums zu liebevollen und harmonischen Affekten hin« (S. 258).

182 Freud, *Trieb und Triebschicksale,* S. 231.

183 Anders als Freud es 1914 annahm, anders als Balint (1960) es mit der Charakterisierung »primäre Liebe« meinte und wie ich es in früheren Arbeiten (Henseler 1974 und 1975) mit dem Begriff »harmonischer Primärzustand« übernommen hatte, handelt es sich beim primären Narzißmus beziehungsweise bei der primären Liebe nicht um den zeitlich frühesten psychischen Zustand des Säuglings (im Sinne einer objektlosen Selbstliebe oder im Sinne einer passivharmonischen Selbst-Objekt-Verschmelzung), sondern um eine spätere Errungenschaft.

184 Henseler, *Narcissism as a form of relationship;* vgl. auch Loch, *Determinanten des Ichs* (S. 396), Scharfenberg, *Narzißmus, Identität und Religion* (S. 953) und Wahl (S. 99).

185 Andreas-Salomé, S. 73.

186 Freud, *Das Unbehagen in der Kultur,* S. 431.

187 Vgl. auch Müller-Pozzi (1978 und 1981) und Wahl (S. 113).

188 Freud, *Zur Einführung des Narzißmus,* S. 167 f.

189 Freud, *Massenpsychologie und Ich-Analyse,* S. 121.

190 Marx, S. 21.

191 Marcuse, S. 75.

192 Loch, *Psychoanalyse und Wahrheit,* S. 184.

193 Winnicott, S. 11 f.

194 Vgl. Langer mit ihrer Unterscheidung von präsentativen und diskursiven Symbolen.

195 Cassirer, *Wesen des Symbolbegriffs,* S. 175.

196 Neubaur, S. 86.

197 Scharfenberg/Kämpfer, S. 41.

198 Ricœur, S. 472.

199 Vgl. Welsen.

200 Scharfenberg/Kämpfer, S. 131.

201 Meissner, S. 278.

202 Ebd., S. 283 f.

203 Vgl. Hole.

Literaturverzeichnis

Andreas-Salomé, Lou, *Narzißmus als Doppelrichtung.* In: *Imago* 7 (1921), S. 362 bis 386.

Balint, Michael, *Primärer Narzißmus und primäre Liebe.* In: *Jahrbuch Psychoanalyse* 1 (1960), S. 3–34.

Beland, Hermann, *Religiöse Wurzeln des Antisemitismus.* In: *Psyche* 45 (1991), S. 448–470.

Bochenski, Joseph M., *Logik der Religion.* Köln: Bachem 1968.

Cassirer, Ernst, *Philosophie der symbolischen Formen.* 2. Auflage. Darmstadt: Wissenschaftliche Buchgesellschaft 1953.

Cassirer, Ernst, *Wesen des Symbolbegriffs.* Darmstadt: Wissenschaftliche Buchgesellschaft 1965.

Cremerius, Johannes (Hrsg.), *Die Rezeption der Psychoanalyse in der Soziologie, Psychologie und Theologie im deutschsprachigen Raum bis 1940.* Frankfurt: Suhrkamp 1981.

Feuerbach, Ludwig, *Das Wesen des Christentums.* Leipzig 1841.

Freud, Sigmund (1895), *Entwurf einer Psychologie.* In: *Gesammelte Werke* (18 Bde.). Frankfurt: Fischer 1941–1968. Nachtragsband (1987), S. 375–486.

– (1901), *Zur Psychopathologie des Alltagslebens.* GW 4, S. 1–310.

– (1907), *Zwangshandlungen und Religionsübungen.* GW 7, S. 129–139.

– (1909a), *Analyse der Phobie eines fünfjährigen Knaben.* GW 7, S. 241–377.

– (1909b), *Bemerkungen über einen Fall von Zwangsneurose.* GW 7, S. 379–463.

– (1910), *Eine Kindheitserinnerung des Leonardo da Vinci.* GW 8, S. 127–210.

– (1912/13), *Totem und Tabu.* GW 9, S. 1–207.

– (1913), *Das Interesse an der Psychoanalyse.* GW 8, S. 389–420.

– (1914a), *Der Moses des Michelangelo.* GW 10, S. 171–201.

– (1914b), *Zur Einführung des Narzißmus.* GW 10, S. 137–170.

– (1915), *Triebe und Triebschicksale.* GW 10, S. 209–232.

– (1921), *Massenpsychologie und Ich-Analyse.* GW 13, S. 71–161.

– (1923), *»Psychoanalyse« und »Libidotheorie«.* GW 13, S. 208–233.

– (1925), *Selbstdarstellung.* GW 14, S. 31–96.

– (1926a), *An Romain Rolland.* GW 14, S. 551.

– (1926b), *Ansprache an die Mitglieder des Vereins B'nai B'rith.* GW 17, S. 49 bis 53.

– (1927), *Die Zukunft einer Illusion.* GW 14, S. 323–380.

– (1928), *Ein religiöses Erlebnis.* GW 14, S. 391–396.

– (1930), *Das Unbehagen in der Kultur.* GW 14, S. 418–506.

– (1931), *Über die weibliche Sexualität.* GW 14, S. 514–537.

– (1932), *Warum Krieg? Brief an Albert Einstein.* GW 16, S. 11–27.

– (1933), *Neue Folge der Vorlesungen zur Einführung in die Psychoanalyse. 35. Vorlesung »Über eine Weltanschauung«.* GW 15, S. 170–197.

– (1934), *Vorrede zur hebräischen Ausgabe von »Totem und Tabu«.* GW 14, S. 569.

– (1935), *Nachschrift zur Selbstdarstellung.* GW 16, S. 29–34.

– (1939), *Der Mann Moses und die monotheistische Religion.* GW 16, S. 101–240.

– , *Briefe 1873–1939.* Frankfurt: Fischer 1960.

– , *Briefe an Wilhelm Fließ. 1887–1904.* Frankfurt: Fischer 1986.

Freud, Sigmund/Pfister, Oskar, *Briefe 1909–1938.* Frankfurt: Fischer 1963.

Freud, Sigmund/Andreas-Salomé, Lou, *Briefwechsel 1912–1936.* Frankfurt: Fischer 1966.

Gay, Peter, *Ein gottloser Jude.* Frankfurt: Fischer 1988.

Glock, Charles Y., *Über die Dimensionen der Religiosität.* In: Matthes, Joachim (Hrsg.), *Kirche und Gesellschaft.* Reinbek: Rowohlt 1969, S. 150–168.

Grom, Bernhard, *Religionspsychologie.* Göttingen: Vandenhoeck und Ruprecht 1992.

Grubrich-Simitis, Ilse, *Freuds Moses-Studie als Tagtraum.* In: *Psyche* 44 (1990), S. 479–515.

Grunberger, Bela, *Über den Glauben.* In: Grunberger, *Narziß und Anubis.* Bd. 1. München: Verlag Internationale Psychoanalyse 1988, S. 215–238.

Haesler, Ludwig, *Zur transgenerationalen Transmission von Trauma und Schuld; Freuds Position im »Mann Moses«.* Vortrag auf der Arbeitstagung der Deutschen Psychoanalytischen Vereinigung, 1. bis 4. November 1989, Wiesbaden.

Henseler, Heinz, *Narzißtische Krisen – zur Psychodynamik des Selbstmords.* Reinbek: Rowohlt 1974.

Henseler, Heinz, *Die Suizidhandlung unter dem Aspekt der psychoanalytischen Narzißmustheorie.* In: *Psyche* 29 (1975), S. 191–207.

Henseler, Heinz, *Moby Dick – Überlegungen zur narzißtischen Wut.* In: *Jahrbuch Psychoanalyse* 15 (1983), S. 269–289.

Henseler, Heinz, *Einige Gedanken zur Psychodynamik des Antisemitismus.* In: *Sigmund Freud House-Bulletin,* Vol. 10/Special Issue, Winter 1986.

Henseler, Heinz, *Narcissism as a form of relationship.* In: Sandler, Joseph u. a. (Hrsg.), *Freud's »On Narcissism: An introduction«.* New Haven: Yale University Press 1991, S. 195–215.

Hole, Günter, *Über das Gewißheitsproblem im Glauben und im Wahn.* In: *Confinia Psychiatrica* 14 (1971), S. 65–90 und S. 145–173.

James, William, *Die Vielfalt religiöser Erfahrung.* Olten: Walter 1979.

Jones, Ernest, *Das Leben und Werk von Sigmund Freud.* 3 Bde. Berlin: Huber 1960.

Küng, Hans, *Freud und die Zukunft der Religion.* München: Piper 1987.

Langer, Susanne K., *Philosophie auf neuem Wege.* Frankfurt: Mäander 1965.

Loch, Wolfgang, *Determinanten des Ichs.* In: *Psyche* 25 (1971), S. 374–400.

Loch, Wolfgang, *Psychoanalyse und Wahrheit.* In: Loch, *Perspektiven der Psychoanalyse.* Stuttgart: Hirzel 1986, S. 181–212.

Lorenzer, Alfred, *Das Konzil der Buchhalter.* Frankfurt: Europäische Verlagsanstalt 1981.

Marcuse, Herbert, *Triebstruktur und Gesellschaft.* Frankfurt: Suhrkamp 1965.

Marx, Karl, *Zur Kritik der Hegelschen Rechtsphilosophie.* In: Karl Marx/Friedrich Engels, *Studienausgabe.* Bd. I. Frankfurt: Fischer 1990, S. 21.

Meerwein, Fritz, *Neuere Überlegungen zur psychoanalytischen Religionspsychologie.* In: *Zeitschrift für Psychosomatische Medizin und Psychoanalyse* 17 (1971), S. 363 bis 380.

Meissner, William W., *Psychoanalysis and Religious Experience.* New Haven: Yale University Press 1984.

Moltmann, Jürgen, *Der gekreuzigte Gott.* 5. Auflage. München: Kaiser 1987.

Müller-Pozzi, Heinz, *Psychologie des Glaubens.* München: Kaiser 1975.

Müller-Pozzi, Heinz, *Himmlische Heime – die Illusion einer Realität.* In: *Wege zum Menschen* 30 (1978), S. 450–459.

Müller-Pozzi, Heinz, *Gott – Erbe des verlorenen Paradieses?* In: *Wege zum Menschen* 33 (1981), S. 191–203.

Nase, Eckart/Scharfenberg, Joachim, *Psychoanalyse und Religion.* Darmstadt: Wissenschaftliche Buchgesellschaft 1977.

Neubaur, Caroline, *Übergänge. Spiel und Realität in der Psychoanalyse D. W. Winnicotts.* Frankfurt: Athenäum 1987.

Ostow, Mortimer, *Sigmund and Jacob Freud and the Philippson Bible.* In: *International Review of Psycho-Analysis* 16 (1989), S. 483–492.

Otto, Rudolf, *Das Heilige.* München: Beck 1917.

Pfister, Oskar, *Die Illusion einer Zukunft.* In: Nase/Scharfenberg, S. 101–141.

Ricœur, Paul, *Die Interpretation. Ein Versuch über Freud.* Frankfurt: Suhrkamp 1969.

Rössler, Dietrich, *Freud, Sigmund.* In: *Theologische Realenzyklopädie.* Berlin: de Gruyter 1983, Bd. 11, S. 578–584.

Scharfenberg, Joachim, *Sigmund Freud und seine Religionskritik als Herausforderung für den christlichen Glauben.* 2. Auflage. Göttingen: Vandenhoeck und Ruprecht 1970.

Scharfenberg, Joachim, *Narzißmus, Identität und Religion.* In: *Psyche* 27 (1973), S. 949–966.

Scharfenberg, Joachim/Kämpfer, Horst, *Mit Symbolen leben. Soziologische, psychologische und religiöse Konfliktverarbeitung.* Olten: Walter 1980.

Schneider, Erich, *Die Theologie und Feuerbachs Religionskritik.* Göttingen: Vandenhoeck und Ruprecht 1972.

Schreiber, Johannes, *Sigmund Freud als Theologe.* In: Nase/Scharfenberg, S. 233 bis 263.

Vitz, Paul C., *Sigmund Freud's Christian Unconscious.* New York: Guilford Press 1988.

Wahl, Heribert, *Christliche Ethik und Psychoanalyse.* München: Kösel 1980.

Wangh, Martin, *Freud, Romain Rolland und die Religiosität.* In: *Psyche* 43 (1989), S. 40–60.

Welsen, Peter, *»Freud-Lektüre« und »Philosophische Freud-Interpretation«. Ein Versuch über Paul Ricœur.* In: *Psyche* 41 (1987), S. 699–716.

Winnicott, Donald W., *Übergangsobjekte und Übergangsphänomene.* In: Winnicott, *Von der Kinderheilkunde zur Psychoanalyse.* München: Kindler 1976.

Winnicott, Donald W., *Vom Spiel zur Kreativität.* Stuttgart: Klett 1973.

Wyss, Dieter, *Psychologie und Religion.* Würzburg: Königshausen und Neumann 1991.

Personenregister

Andreas-Salomé, L. 50, 56, 130 f., 160, 162 f.
Balint, M. 130, 160, 162
Beland, H. 55, 162
Bochenski, J. M. 125, 159, 162
Breuer, J. 86
Brücke, E. 85
Bultmann, R. 74
Cassirer, E. 144 f., 161, 162
Cremerius, J. 71, 156, 162
Darwin, Ch. 38, 85
Ebeling, G. 6, 77
Feuerbach, L. 70, 87, 99 f., 143, 162
Fließ, W. 83, 87, 158
Frankl, V. E. 106
Frazer, J. G. 23, 30, 37, 155
Fromm, E. 106
Gay, P. 72, 83, 87, 157 f., 163
Glock, C. Y. 21, 125, 159, 163
Grom, B. 9, 10, 155, 163
Grubrich-Simitis, I. 56, 156, 163
Grunberger, B. 123, 159, 163
Haesler, L. 46, 155, 163
Heidegger, M. 110, 142
Henseler, H. 55, 130, 156, 160, 163
Hole, G. 148, 152, 160 f., 164
James, W. 127, 160, 164
Jones, E. 84, 87, 90, 114, 155, 158 ff., 164
Jung, C. G. 23 f., 76, 87, 106
Kant, I. 110, 142
Kämpfer, H. 147 f., 150, 160 f., 165
Kohut, H. 133
Küng, H. 72, 95 ff., 157 f., 164
Lamarck, J.-B. 46, 85
Lang, A. 23, 155
Langer, S. K. 144, 161, 164
Loch, W. 130, 142, 160, 164
Lorenzer, A. 147, 164
Malinowski, B. 96
Marcuse, H. 142, 160, 164
Marx, K. 99 f., 142, 160, 164
Meerwein, F. 123, 159, 164
Meissner, W. W. 11, 72, 83, 86 f., 92, 150, 157 f., 161, 164
Moltmann, J. 71, 149, 156, 164
Müller-Pozzi, H. 11, 123, 132, 159 f., 164
Nase, E. 71, 156, 164
Neubaur, C. 145, 161, 164
Ostow, M. 84, 158, 164
Otto, R. 127, 160, 165
Pfister, O. 71 f., 109, 163, 165
Ricœur, P. 72, 149, 150, 157, 160 f., 165
Rössler, D. 71, 156, 165
Scharfenberg, J. 71, 72, 82 ff., 109 ff., 123, 130, 147 f., 156 ff., 160, 164 f.
Schneider, E. 158, 165
Schreiber, J. 72 ff., 109, 157, 165
Sellin, E. 50, 56, 156
Smith, W. R. 23, 40, 155
Vitz, P. C. 84, 158, 165
Wahl, H. 123, 130, 132, 159 f., 165
Wangh, M. 92, 121 f., 159, 165
Welsen, P. 149, 161, 165
Westermarck, E. 23, 38, 155
Winnicott, D. W. 143 ff., 150, 160, 165
Wundt, W. 23, 30, 155
Wyss, D. 127, 159 f., 165

Sachregister

Aberglaube 86, 93
Ambivalenz 41 ff., 46, 51, 53, 58, 82 ff., 91 ff., 98, 134 ff.
Animismus 24 ff., 59
Antisemitismus 49, 54 ff.
Atheismus und Neurose 82 ff.
Bedürfnisse, spezifisch religiöse 102 ff., 141
Dinge, letzte 148 ff.
Erbsünde s. Urschuld
Gemeinschaftsbezogenheit des Gläubigen 127 f., 136 f., 150
Glaubensentwicklung 117 ff.
Gott Logos 69
Gott und Philosophen 74, 80
Ideale 111, 127, 136
Illusion 7, 59, 67 ff., 82, 141 ff.
Judentum Freuds 89
Kinderfrau 83, 93
Kreativität 147 ff.
Kultur 60 ff.
Magie 7, 24 ff., 59
Mana 26, 59, 121
Muttergottheit 121 ff.
Mutter-Kind-Beziehung 121 ff., 130 ff.
Mystik 7, 59, 67, 127, 131 f., 143, 151
Mythos 24, 44, 47, 57, 61, 76, 98, 115 f., 118, 142, 147
Narzißmus 8, 12 f., 54, 121, 146 ff.
Narzißmus, primärer 129 ff., 151
Narzißtische Objektbeziehung 134 ff.
Neue Welten der Vollkommenheit 134 ff.
Ödipuskomplex 39, 42, 123
Okkultismus 86 ff., 93
Opfermahlzeit 40 f., 43 f.
Psychoanalyse und Weltanschauung 68 f., 87, 102
Psychohygiene 66
Psychotherapieformen, religionsoffene 106 f.
Rätsel der Welt 88, 148
Reich des Bösen 132 f., 137 ff., 148
Religionspsychologie 8 ff., 57
Riten, Rituale 7, 15 ff., 59, 146
Scheu des Gläubigen 125 ff., 141
Sinngebung, Weltanschauung 8, 60, 63, 142 ff., 153
Straferwartung, Schuldgefühl 17 f., 52 ff., 57 f., 148
Symbole 47, 98, 119, 144 ff.
Tabu 7, 23 ff., 49, 59, 95 ff., 121
Tabugehorsam 28, 113, 118
Theologe im Laienstand 72, 80
Totem 23 ff., 49, 61, 95 ff., 117
Transzendenz 9, 35, 82, 125, 148, 151
Übergangsraum, Übergangsphänomene 144 ff.
Urschuld, Erbsünde 37 ff., 43, 47, 52 f., 95 f., 117, 133
Vaterreligion 37 ff., 53, 61 f., 72, 96, 117, 121
Wahn 114 f., 118, 141
Wahrheit, historische 44 ff., 98, 116
Wahrheitsfrage 10, 51, 54, 67 ff., 73, 109, 116, 119 f., 141, 144 ff., 150 ff.
Zeremonien, Zeremoniell 13 ff., 98, 146
Zwangsneurose und Religion 13, 117